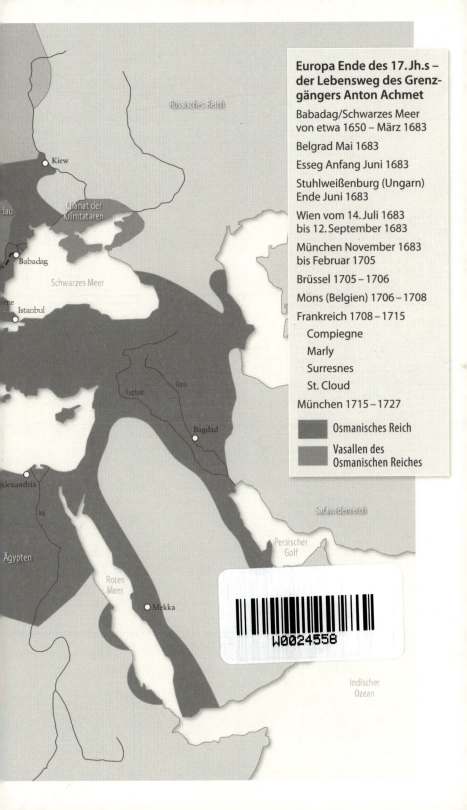

Markus Krischer
Der Mann aus Babadag

Markus Krischer

Der Mann aus Babadag

Wie ein türkischer
Janitschar 1683 nach München
verschleppt und dort fürstlicher
Sänftenträger wurde

THEISS

Meinen Eltern,
Margrit und Markus Krischer

Inhalt

Dank 7

Ein Blick ins Eiserne Zeitalter 11
Ein Auftrag für den Corporal 23
Der Mann vom Schwarzen Meer 34
Eine Flut von schwarzem Pech 49
Zehn Fragen an die Fremden 63
Ein Bittbrief aus dem Kerker 73
Die Verwandlung der Osmanen 82
Die Verschleppten von Buda 91
303 Türken in München 107
Der Fürst als Menschenhändler 121
Mahomet bei den Maultieren 133
Die Abenteuer des Dolmetschers 143
Die Sänfte der Fürstin 153
Zwei Weggefährten von Anton Achmet 168
Ein Leben für St. Peter 178
Im Exil mit dem Herrscher 183
Schicksale der Verschleppten 192
Letzte Spuren der Achmets 198

Anhang
Anmerkungen 204
Quellen- und Literaturverzeichnis 208
Bildnachweis 215
Impressum 216

*Aus solchen Fragmenten setzt sich die Welt zusammen,
aus Bruchstücken eines Traums, aus Halluzinationen,
aus Fieberfantasien einer Busfahrt.*

ANDRZEJ STASIUK, Unterwegs nach Babadag

Dank

Die Fährte des Münchner Janitscharen nahm ich an einem Februarabend des Jahres 2008 auf. Nein, so war es nicht. Es war vielmehr so: An einem Februarabend 2008 setzte mich Roland Götz, Historiker und Archivar beim Münchner Erzbistum, auf die Fährte jenes verschleppten Muslims, der sich am 18. August 1684 im Münchner Zuchthaus in den Christen Anton Achmet hatte verwandeln lassen. Herr Götz führte mich in den Magazinraum des Archivs und zeigte mir den Taufeintrag in einem ledergebundenen Matrikelbuch. Er entzifferte die lateinischen Worte – und er übersetzte sie für mich. In den folgenden Jahren begleitete er meine Spurensuche mit Geduld und Nachsicht. Ihm gilt mein besonderer Dank. Auch deshalb, weil er mich spüren ließ, was einen Gelehrten ausmacht – die freudige Bereitschaft, sein Wissen zu teilen.

Diese Bereitschaft durfte ich bei meiner Reise in die Vergangenheit mehrfach erfahren. Kundige halfen mir, deuteten die Zeichen und wiesen den Weg. Ich danke dem Historiker Ludwig Hüttl, der den Kurfürsten Max Emanuel streng beurteilt –

und ihm doch tief verbunden ist. Ich danke dem Osmanisten Hans Georg Majer, der mit zarter und fester Stimme die Worte des Soldaten Mahmud aus dem Dunkel des Vergessenen befreite. Ich danke dem Restaurator Rudolf Wackernagel, der mich in die Geheimnisse der Goldfäden im Polster der Sänfte von Maria Antonia einweihte. Der Osmanist Machiel Kiel deutete mir einen Grabstein im Mausoleum des Derwischs Sari Saltuk Baba. Die Kunsthistorikerin Brigitte Volk-Knüttel leuchtete in die Vergangenheit des alten Münchner Hofstalls, dessen Gegenwart mir Beate Zarges vom Bayerischen Landesamt für Denkmalpflege nahebrachte. Im Münchner Stadtarchiv half mir Anton Löffelmeier, Clemens Brodkorb im Archiv der Deutschen Provinz der Jesuiten und Matthias Haupt im Archiv der Stadt Wasserburg.

Die Beziehung zu dem Krieger aus Babadag, ich weiß es wohl, entwickelte sich im Laufe der Jahre zu einer Obsession. Ich wollte ihm näherkommen, so nah, dass ich ihn irgendwann erkennen würde. Über den Abgrund der Jahrhunderte hinweg. In einigen Momenten spürte ich diese Nähe: Als Herr Majer den Brief des osmanischen Gefangenen übersetzte. Als ich im südlichen Trakt des alten Marstalls den einstigen Stall betrat, in dem der Einwanderer als Knecht zu arbeiten hatte. Als ich das Kupferstichporträt des Hofkammerrats Johann Paul Millauer erstmals in Händen hielt – und einem Mann in die Augen sah, der einst Anton Achmet gesehen haben musste und von diesem wiederum angeblickt worden war.

Freunden und Verwandten habe ich immer wieder von meiner osmanischen Passion berichtet. Ihre Bereitschaft, mir zuzuhören, auch wenn diese womöglich nur therapeutisch motiviert war, nährte die Hoffnung, aus all den erfragten, aufgelesenen, notierten und kopierten Bruchstücken könne doch noch ein Gesamtbild entstehen. Auch wenn sämtliche Fehler und Lücken dieses Bildes nur mir anzurechnen sind, so erkläre ich doch alle meine Weggefährten (besonders Claudia) dafür mitverantwortlich, dass die Expedition mit diesem Bericht ihr Ziel erreicht hat. Begeisterung und Leidenschaft ließ von Anfang an Regine Gamm vom Theiss Verlag spüren. Sie verwandelte die Idee in ein Buch. Ihr danke ich sehr.

Während meiner Recherche ließ ich mich mehrfach zu Abstechern nach St. Peter verführen. Die Türen zur Geschichte der ältesten Münchner Pfarrkirche öffnete mir der dortige Archivar, Johannes Haidn. Er gewährte mir Zutritt in sein Reich – das Dachgeschoss des südlichen Seitenschiffs. In jenem magischen Raum steht der verbrannte Torso eines hölzernen Engels und wacht über all die Regale mit ihren blaugrauen Schachteln, die abertausende Papiere und Schicksale bewahren. Zur Gemeinde von St. Peter zählte einst auch Anton Achmet. Ein Priester dieser Kirche hat ihn getauft, in dieser Kirche heiratete er – und ein Geistlicher von St. Peter protokollierte seinen Tod. Wer auch immer Anton Achmet war, wie weit er auch gereist sein mag – ein Fremder kann er nicht gewesen sein. Er gehörte zu dieser Kirche und damit zu dieser Stadt.

Ein Blick ins Eiserne Zeitalter

Ob er ein glückloses Leben führte? Weil er die ledige Tochter eines Büchsenmachers geschwängert hatte, floh er aus dem lutherischen Nürnberg. In München konvertierte er zum katholischen Glauben, um seinem Handwerk nachgehen zu können. Immer wieder richtete er Bettelbriefe an den Hof, klagte Honorare ein, neue Aufträge, den Schutz des Landesherrn. Der Sohn blieb kinderlos, die Tochter unversorgt. Vom Erbe des vermögenden Stiefbruders bekam er nicht einen Kreuzer. Der Tod ereilte seine Gattin so rasch, dass nicht einmal Zeit für die Sakramente blieb. Er ließ sie auf dem Friedhof bei St. Stephan außerhalb der Stadtmauern begraben, dort, wo er selbst 21 Jahre später, 1718, zur letzten Ruhe gebettet werden sollte. Er starb verarmt, beinahe erblindet, und ausweislich eines von ihm zwei Jahre zuvor verfassten Schreibens in tiefer Verbitterung. Mit

„herzenlaid" habe er ansehen müssen, wie ihn sein Lebenswerk in den Ruin getrieben habe. Über 6000 Gulden habe er dadurch verloren, „brodloß" sei er geworden und habe manches Mal „schier krepieren" müssen.[1]

Ob Michael Wening ein glückloses Leben führte? Die arg verwitterte biografische Spur, die aus einigen Briefen, Protokollen und Matrikelbüchern herauszulesen ist, erlaubt keine eindeutige Antwort. Und wer würde sie schon haben wollen? Nach dem Glück der Büchsenmacherstochter fragt schließlich auch niemand. Catharina Recknagel hieß sie. Der Rat der Stadt Nürnberg hatte die Schwangere mit der „Unzuchtstraff" belegt und wollte ihr die Weibereisen (also die Haft im Frauengefängnis der Stadt) nur dann ersparen, wenn es ihr gelänge, den flüchtigen Kindsvater aufzutreiben. Das gelang ihr nicht. Sie brachte eine Tochter, Regina, zur Welt, die im Alter von fünf Jahren verstarb. So berichtet der Grabstein der Kindsmutter auf dem Nürnberger Rochusfriedhof. Die Recknaglin selbst verschied im hohen Alter. Unverheiratet.

Ob also der Kupferstecher Michael Wening, der bayerische Merian, wie er genannt wird, in seinen 72 Lebensjahren Glück fand oder selbiges verbreitete, tut nichts zur Sache. Er fertigte Kupferstiche an. Hunderte und Aberhunderte. In seine Platten ritzte er den Gekreuzigten, die Madonna, Engel, Heilige, Honoratioren, Bürger, Soldaten und einmal gar einen Elefanten. Seine Leidenschaft galt jedoch nicht der Figur, sondern dem Ort. Genauer: dem vom Menschen geschaffenen Ort, dem Bauwerk. Wening bildete Kirchen ab, Klöster, Residenzen, Schlösser, Bürgerhäuser, Manufakturen und einmal gar ein Zuchthaus. Er schuf Städteansichten, zeigte Marktplätze und Gartenanlagen.

Michael Wening; das einzige Porträt des bayerischen Kupferstechers
fertigte sein Sohn Balthasar. Kupferstich von 1698

Sich selbst ließ Wening von seinem Sohn Balthasar abbilden, der in der Werkstatt seines Vaters arbeitete – und in dessen Schatten er blieb. Das Schriftband um das ovale Porträt (das einzige, das wir von Michael Wening kennen, und wohl auch das einzige, das je von ihm angefertigt wurde) vermerkt zwei Titel, die ihn als Mitarbeiter des Hofes ausweisen. Demnach durfte er sich Portier und Kupferstecher des Kurfürsten nennen. Das Amt eines Portiers, eines Türhüters also, mag kein sonderlich bedeutendes gewesen sein. Immerhin aber honorierte das Hofzahlamt die Tätigkeit mit neunzig Gulden im Jahr und genehmigte Wening jeden Tag zwei Brotlaibe und zwei Maß Bier; Gaben allerdings, die das Hofküchenamt schon mal über Monate verweigerte. Stolz wird Michael Wening auf den Titel des kurfürstlichen Kupferstechers gewesen sein, womit der Hof wohl auch den damaligen Erfolg des Künstlers würdigte.

Wenings Porträt entstand im Jahr 1698. Zwei Jahre zuvor hatte er den Kontrakt seines Lebens geschlossen. Kurfürst Max Emanuel hatte ihm den Auftrag erteilt, eine umfassende Landesbeschreibung zu erstellen und dafür die wichtigsten Orte und Bauwerke Kurbayerns in Kupferstichen zu erfassen. Dass er mit seiner *Historico-Topographia Descriptio* ein gewaltiges Werk schaffen würde, muss Wening, als er sich im Alter von 52 Jahren von seinem Sohn abbilden ließ, bewusst gewesen sein. Aber ahnte er damals schon, welche Bürde dieser Auftrag bedeutete? Bis zu seinem Lebensende sollte Wening an der *Historico-Topographia* arbeiten und leiden. Und mehr als einmal klagte er darüber, dass ihn dieses große, womöglich größenwahnsinnige Projekt finanziell überfordere.

Zweifel allerdings sind in den Gesichtszügen des Michael Wening nicht zu erkennen. Mit einer leichten Drehung nach rechts zeigt er sein volles, von schulterlangem, gelocktem Haar umrahmtes Gesicht. Die mächtige Nase, die schmalen Bartlinien über den Flügeln der Oberlippe und die amüsierten, leicht verrutschten Augen erzählen vom Stolz und der Gelassenheit eines Mannes, der annehmen durfte, sich ein Auskommen und einen Namen erarbeitet zu haben.

Denn darauf kam es an: sich einen Namen zu machen. Die Welt war eine Bühne, auf deren Brettern die Sterblichen zu spielen hatten, eingeengt von Standesgrenzen, bedrängt von Seuchen, Krieg und Armut, ausgeliefert dem Glauben und der Allmacht des Fürsten. Dass das Diesseits nur Tand und Nichtigkeiten bereithielt – dies war den Menschen des Zeitalters, das sie selbst das eiserne nannten und das viel später den Spottnamen Barock erhalten sollte, quälend bewusst. Trotzdem gierten sie nach diesem bedrohten, jämmerlichen Dasein.

Die Leidenschaften, Ängste und Wünsche jener Zeit sind kaum noch zu erahnen. Vielleicht lassen sie sich erspüren in den Predigten von Abraham a Sancta Clara, in den Versen von Andreas Gryphius und in den Geschichten von Grimmelshausen. Wer aber in diese entschwundene Welt hineinblicken will, der wird sie in den Bildwerken Wenings entdecken. Den Münchner Markt etwa, den heutigen Marienplatz, präsentiert der Kupferstecher als heiteres In- und Gegeneinander reich verzierter Häuserfronten. All die Arkaden, Giebel, Halbgiebel und Erker scheinen sich versammelt zu haben, um den zentralen Ort der Residenzstadt zu schmücken und zu feiern. Dabei kündet das wohl bekannteste Bild Wenings von einer Heiterkeit, die schon bald der Trauer weichen sollte.

Der Stich entstand um das Jahr 1700. Kurfürst Max Emanuel weilte seit Jahren nicht mehr in München, sondern resi-

Der Münchner Markt; das Panorama von Michael Wening zeigt
den zentralen Ort der bayerischen Residenzstadt, den heutigen Marienplatz.
In der Bildmitte ist die Mariensäule zu sehen, rechts der Fischerbrunnen.
Am unteren rechten Bildrand sind zwei Sänftenträger zu erkennen.
Kupferstich, um 1700

dierte als Statthalter in Brüssel, der Hauptstadt der Spanischen Niederlande. Der Traum seines Lebens, für das Geschlecht der Wittelsbacher die Herrschaft über das spanische Reich zu erlangen, hatte sich bereits zerschlagen. Sein Sohn Joseph Ferdinand, durchaus ein Kandidat für den Königsthron in Madrid, war 1699 im Alter von sechs Jahren verstorben.

Max Emanuel selbst zehrte zwar noch vom Ruhm, den er sich als junger Herrscher in den Kriegen gegen das Osmanische Reich erworben hatte. Doch seit Längerem spielte der Kurfürst – Frauen, Festlichkeiten und hohem Einsatz leidenschaftlich zugetan – die falschen Karten aus. Max Emanuel hatte sich vom Kaiser in Wien ab- und dem Sonnenkönig in Paris zugewandt. Für den Bourbonen Ludwig XIV. sollte er schließlich gegen den Habsburger in den Krieg ziehen. In Höchstädt verlor er 1704 die entscheidende Schlacht, flüchtete, wurde vom Kaiser verbannt und Bayern geriet unter jahrelange Besatzung. So tief wie Max Emanuel, so zumindest urteilt sein Biograf Ludwig Hüttl, sei kein anderer bayerischer Fürst gesunken.[2]

Zwar konnte Max Emanuel 1715 wieder in das Kurfürstentum zurückkehren. Doch das Land war ruiniert, überschuldet und geplündert. Der Wittelsbacher hatte seine Fähigkeiten überschätzt und die Kräfte Bayerns überspannt. Michael Wening ahnte davon nichts, als er den Münchner Marktplatz in seine Kupferplatte ritzte. Und doch ist es so gekommen. Der Betrachter weiß, dass die Szene, die jener Stich festhält, zu einem Bühnenstück mit düsterem Ausgang gehört.

Ob demnach die Patrizierhäuser, Gasthöfe und Weinschenken, all die stolzen Gebäude nur vom baldigen Untergang erzählen? Denn untergegangen sind sie. Vom Markt, den Wening gesehen und gezeichnet hatte, überdauerte einzig der Platz als solcher, der Raum zwischen den immer wieder neu errichteten Fassaden, und mittendrin die Mariensäule. Irgendwann im Lauf der Jahrhunderte brannten die Mauern nieder, wurden eingerissen oder durch Bomben zerstört. Jene von Wening gezeigten Häuser hatten, so scheint es, einfach kein Glück. Aber das tut nichts zur Sache. Nach dem Glück der namenlosen Gestalten, die der Kupferstecher auf dem Platz versammelte, fragt schließlich auch niemand.

Der betende Mann etwa vor der Mariensäule, nein, nicht der stehende und auch nicht der vor ihm, der in der Hocke verharrt, sondern der hintere, der auf die Knie gegangen ist, fleht vielleicht gerade um das Seelenheil seiner Frau, die der Pest zum Opfer gefallen sein könnte, einer Plage, von der berichtet wird, sie habe zwischen 1680 und 1685 in Bayern grassiert. Helmuth Stahleder, der große Chronist Münchens, würde an dieser Stelle allerdings Einspruch erheben. In den städtischen Urkunden, den Kammerrechnungen und Memorabilien, so schreibt er, finde sich keinerlei Beleg für eine Epidemie, die angeblich zu jener Zeit in der Stadt gewütet haben soll. Allenfalls habe man Vorbereitungen für einen befürchteten Ausbruch der Seuche getroffen. Dass die Pest, die „leidige Contagion", damals tatsächlich nach München gekommen sei, werde von späteren Geschichtsschreibern nur behauptet.[3]

Gegen dieses Urteil hätte wohl der Geistliche Rat und Beneficiat Ernest Geiß ein Veto eingelegt. 1868 erwähnt er in seiner Geschichte der Stadtpfarrei St. Peter zwei zinnerne Provisur-Gefäße im Besitz der ältesten Münchner Kirche, deren Aufschriften an das Pestjahr 1685 erinnerten. Abgesehen davon jedoch und von einigen eher unklaren Dokumenten aus dem „Schacht der Akten" von St. Peter sei kein „Andenken von dieser Krankheit" vorhanden. „Die Wellen des Stromes der Zeit haben die Erinnerung an dieses Elend in das Meer der Vergessenheit geschwemmt."[4]

Besagte Wellen rollten auch über Wenings „Markh zu München", spülten die Menschen fort, die Pferde, Kutschen, Bierfässer und Getreidesäcke. Der Strom der Zeit drang in die Kellergewölbe und eroberte die Stockwerke all der stolzen und mächtigen Gebäude – des Landschaftshauses, der Ratstrinkstube, des Wurmecks, des Rosenecks, der Wirtshäuser Zum Staindl und Zum Damischen. Ja, selbst im Schönen Turm, zu dem, nach links oben im Bild, die Kaufinger Gasse führt, und in den behaubten Türmen der Pfarrkirche Zu Unserer Lieben Frau suchten die Wogen der Vergessenheit nach ihren Opfern. Alle sind sie untergegangen, die Marktfrauen, Händler, Bürger, Soldaten und Geistlichen. Wer etwa die beiden Delinquenten auf dem hölzernen Strafesel neben der Wachhütte gewesen sind und was sie ausgefressen hatten, vermag niemand zu sagen.

Nicht einmal, ob die Gestalten auf dem dargestellten Platz je existierten, oder ob sie lediglich dem Kupferstecher in den Kram und damit in sein Bild passten, lässt sich klären. Womöglich, nein, sehr wahrscheinlich wollte Wening den Platz nur mit Bewegung, Geschäftigkeit und Klatsch füllen. Die Figuren wären dann allenfalls Kulisse, Staffage. Wenn dem so ist, wenn all die Strichwesen tatsächlich nur aus Strichen bestehen und auf nichts Wirkliches deuten, erübrigt sich dann nicht jegliche Frage nach ihrem Schicksal? Wer würde behaupten, er könne Spuren von Leben oder Leid in diesen Strichen entdecken? Oder von Glück?

Da sind zum Beispiel unten am äußersten rechten Bildrand zwei Männer, die eine Sänfte anheben – einen Tragsessel, wie die Münchner damals auch sagten. Die beiden nehmen offenbar Anweisungen von einem Mann entgegen, der mit der linken Hand auf sie zeigt und mit der rechten einen Stab oder einen Degen hochhält, so als deute er in eine bestimmte Richtung. Der Degenmann, ausgestattet mit breitem Hut, Rock und Rüschenhemd, scheint der Vorgesetzte der Träger zu sein. Kaum aber ihr nächster Kunde. Denn die Sänfte ist bereits hochgehoben, gleich wird sie ihren Weg nehmen durch die kurfürstliche Stadt, zu einem Gasthof, einem Patrizierhaus, einem Kloster oder gar zur Residenz. Sechs Kreuzer verlangen die Träger, wenn sie den Kunden bis zur nächsten Gasse bringen. Liegt das Ziel weiter entfernt, etwa bei den Paulanern jenseits der Isar, im Gericht Au, kostet die Reise hin und zurück 24 Kreuzer. Wer den Sessel den ganzen Tag mieten will, muss einen Gulden bezahlen.

Die Instruktion für die Sänftenträger ist erhalten geblieben.[5] Das Papier vom 26. Mai 1688 listet in dreißig Paragrafen die Rechte und Pflichten, hauptsächlich die Pflichten dieser kuriosen Berufsgruppe auf. Das Dokument ist einsehbar in der Handschriftenabteilung der Bayerischen Staatsbibliothek. In mehreren Büchern über die Geschichte und Geschichten der Stadt fand die Ordnung der Sänftenträger ihren Platz. Wohl weil sie gar zu drollig ist, mit den Anweisungen zum Säubern der Sessel, den Essensvorschriften für die Träger (an Feiertagen sollten sie gute trächtige Speisen aus Mehl und Schmalz erhalten), der Trinkregel (zu jeder Mahlzeit eine halbe Maß Bier) und dem Strafregister (üblicherweise fünf bis sechs Hiebe).

Der eigentliche Grund aber, warum ein Münchner Anekdotenbuch auf die Sesselordnung von 1688 nicht verzichten kann, ist ein anderer: Die Sesselträger waren Türken, die Kurfürst Max Emanuel bei seinen Feldzügen gegen das Osmanische Reich erbeutet und in die Residenzstadt verschleppt hatte. In München arbeiteten sie als Sklaven in einer Tuchfabrik, legten Gräben an oder schleppten eben Sänften durch die Stadt. Die Anekdoten-Schreiber versäumen es nicht, darauf hinzuweisen, dass der große Kanal, der von Schleißheim zur Münchner Residenz führen sollte, nicht von den osmanischen Zwangsarbeitern angelegt worden sei, dass er dennoch im Volksmund „Türkengraben" geheißen – und dass er der Türkenstraße ihren Namen gegeben habe.

Also gut: Damals lebten und arbeiteten in München ein paar Dutzend, nein, ein paar hundert Türken. Einige von ihnen trugen Sänften oder Sessel. Sie tranken Bier, bekamen an Feiertagen kräftige Speisen und, wenn sie in Zank gerieten, Schläge. Das ist alles. Die beiden von Wening ins Kupfer geritzten Träger bleiben Strichfiguren ohne Anrecht auf Glück oder Unglück. Um ihnen Leben einzuhauchen, müsste man schon mehr von ihnen wissen. Ihre Namen vielleicht, ihre Herkunft und Geschichte. Man müsste sie zum Reden bringen.

Ein Auftrag für den Corporal

Auf seinem Weg zum Zuchthaus wird ihn ein Schreiber begleitet haben und wohl eine Eskorte Bewaffneter. Corporal Christoph Wegerle musste sich an diesem 22. Januar 1684 zwar nicht gegen irgendwelche Gefahren wappnen, ein paar Uniformierte aber konnten ihm bei seiner Mission durchaus von Nutzen sein. Und eine Mission war es tatsächlich, die ihn zum „Correctionshaus" an die südliche Stadtmauer hinter das Gelände des Heiliggeistspitals führte. Die Geheime Kanzlei des Bayerischen Hofes hatte den Soldaten per schriftlicher „Citation" von Braunau, wo er mit seiner Kompanie stationiert war, in die Residenzstadt München beordert.[6]

Wegerle besaß eine höchst bemerkenswerte Fähigkeit, eine, die in der gesamten kurbayerischen Armee sonst kaum zu finden war. Er sprach Türkisch. Genau diese Fähigkeit war gefordert, wollte man in einer leidigen Angelegenheit weiterkommen, die der Kurfürst selbst den Münchnern eingehandelt hatte. Im Jahr zuvor hatte der junge Herrscher Max Emanuel über 10 000 bayerische Soldaten nach Wien geführt, um zusammen mit anderen Truppen des Reichs die Kaiserstadt aus der Umklammerung eines gewaltigen osmanischen Heeres zu befreien. Wirklich gelang es der christlichen Streitmacht, die Armada des Großwesirs Mustafa Pascha zu besiegen und in die Flucht zu schlagen. Der Feldzug brachte dem Wittelsbacher Ruhm, Tausenden bayerischen Soldaten den Tod und der Bevölkerung Kurbayerns enorm hohe Kosten, die der gerettete Kaiser trotz aller Versprechungen nie beglich. Noch etwas brachte Max Emanuel vom Schlachtfeld in die Heimat mit: drei Osmanen.

Zwei der drei Kriegsgefangenen warteten nun schon seit Monaten im Münchner Zuchthaus auf das, was das Schicksal ihnen zuteilen würde, oder ein wenig nüchterner: auf das, was die Bayern ihnen antun würden. Beim Triumphzug des heimkehrenden Kurfürsten hatten die erbeuteten Türken wohl ihren Part als besiegte mahometische Erzfeinde gespielt. Was aber sollte man jetzt mit ihnen anfangen? Sollten die beiden sterben, oder würden sich womöglich venezianische Menschenhändler für sie interessieren, die ja stets nach neuen Galeerensträflingen Ausschau hielten? Sollten die Türken einfach im Kerker verfaulen oder wäre es angebracht, sie als Zwangsarbeiter einzusetzen? Doch würden die Fremden, erst einmal aus dem Zuchthaus entlassen, nicht sofort zu fliehen versuchen?

Kurz: Die Bayern besaßen keine Erfahrung mit Sklaven und deren möglicher Nutzbarmachung. Vielleicht ließ sich die menschliche Beute ja auf andere Weise zu Geld machen. Vielleicht wollte der Feind die beiden Gefangenen wiederhaben und wäre bereit, sie gegen eine bestimmte Summe, eine *ranzion*, freizukaufen. Einen derartigen Handel freilich galt es vorzubereiten. Zunächst sollten die Gefangenen also möglichst viel über ihre Herkunft und ihre Aufgabe in der osmanischen Armee preisgeben. Bei dem Verhör, so die Hoffnung des bayerischen Hofes, würde sich schon irgendein Anhaltspunkt ergeben, wem man die beiden für welche Summe anbieten könnte.

So oder so ähnlich mögen die Überlegungen der Obrigkeit gewesen sein, die dazu führten, nach jemandem Ausschau zu halten, der die Fremden im Zuchthaus befragen sollte. Warum gerade Christoph Wegerle die türkische Sprache beherrschte, darüber schweigen die Quellen. Womöglich war der Corporal selbst irgendwann in osmanische Gefangenschaft geraten und hatte Jahre als Sklave in einem muslimischen Haushalt oder auf einer Galeere verbracht. Denkbar auch, dass es sich bei ihm im Gegenteil um einen konvertierten Muslim handelte, einen Türken also, der nach seiner Bekehrung zum Christentum ein neues Leben als Katholik führte.

Irgendein Drama jedenfalls musste Wegerle erlebt haben, denn einen wie auch immer gearteten friedlichen Kontakt und damit einen kulturellen Austausch zwischen dem kleinen Kurbayern und dem osmanischen Riesenreich gab es damals nicht. Kein bayerischer Händler wäre jemals nach Istanbul, Belgrad oder Ofen gereist, und aus jenen Städten wiederum hätte sich kein Osmane nach Wasserburg, München oder Nürnberg verirrt. In Österreich und Ungarn lebten zwar sehr wohl Menschen mit Beziehungen in das benachbarte Herrschaftsgebiet des Sultans, nicht aber in Bayern. Wegerle gehörte, neben ein paar Jesuiten vielleicht, die aus dem von Aufständen geplagten Ungarn ins sichere München geflohen waren, zu den ganz wenigen Bayern, die das Türkische verstanden und auch selbst sprachen.

Dabei wird es kein Zufall gewesen sein, dass gerade ein Soldat die sprachliche Grenze zwischen Abend- und Morgenland überwinden konnte. Die wenigen Berührungen zwischen Bayern und der osmanischen Welt hatten sämtlich auf Schlachtfeldern stattgefunden. Zu den unglücklichen Kreuzfahrern etwa, die 1396 bei Nikopolis von den Türken geschlagen worden waren, hatten auch bayerische Einheiten gehört. Der damals 16-jährige Hans Schiltberger geriet in Gefangenschaft, diente erst dem Sultan, später einem turkestanischen Kriegsherrn und kehrte erst nach 31 Jahren als viel bestaunter Weltreisender in die Heimat zurück. Bayerische Soldaten marschierten im 16. Jahrhundert gegen die Türken. Und zwischen 1645 und 1669 kämpften bayerische Truppen auf Kreta gegen die osmanischen Eroberer.

Als Christoph Wegerle also an jenem 22. Januar 1684 durch das winterliche München, vielleicht von St. Peter kommend oder an der Dreifaltigkeitskapelle und ihrem ummauerten Friedhof vorbei, in Richtung Zuchthaus schritt, wird er mit Türken kaum besonders freundliche Gefühle verbunden haben. Die bayerisch-osmanische Geschichte bestand aus etlichen Hingemetzelten und vielleicht ein paar Dutzend Versklavten. Die beiden Gefangenen im Zuchthaus sollten von Wegerle kein Angebot zur Verbrüderung erhalten, er sollte ihnen auch sicher nicht den Vorschlag gegenseitigen Vergebens und Vergessens unterbreiten. Er sollte ihnen Fragen stellen, und sie sollten tunlichst antworten. Wenn nicht, würde er ihnen, so waren nun mal die Spielregeln, Gewalt antun oder doch zumindest damit drohen.

Unter diesen Voraussetzungen betrat Wegerle das Zuchthaus. Er wird seine Visite mit dem Leiter der Anstalt, dem ehrwürdigen Hofkammerrat Johann Paul Millauer, abgesprochen haben. Womöglich war der *dominus* Millauer auch zugegen, als sich der Corporal die Gefangenen vorführen ließ. Wegerle stellte den beiden jeweils zehn Fragen und erhielt knappe, beinahe unverschämt knappe Antworten. Die Schwierigkeiten fingen schon mit den Namen der Osmanen an. Beide behaupteten, sie würden Achmet heißen. Zumindest wurden die Namen so verstanden. Wohl um die Fremden auseinanderzuhalten, nannten die Bayern einen Achmet den Kurzen, den anderen den Langen.

Wegerle ermahnte die Gefangenen zur Wahrheit und ließ sie wissen, er würde ihnen anderenfalls die Haut in Striemen vom Körper ziehen, um daraus Peitschen zu machen. Genau so, wie es die türkischen Soldaten mit ihren christlichen Gefangenen täten. Ob Wegerle eine derartige Tortur selbst irgendwann erlebt hatte? Wie auch immer, seine Drohung formulierte der Corporal offenbar ziemlich drastisch, denn zumindest ein Türke verlor die Fassung und brach in Tränen aus.

Wegerle hatte genug gehört. Er beendete das Verhör. Ob es für ihn und seine Auftraggeber erfolgreich verlaufen war? Eher nicht. Man darf annehmen, dass der Corporal einigermaßen missgelaunt das Zuchthaus verließ. Er wird sich mehr Information erhofft haben. Auch für die Gefangenen brachte die Begegnung keine glückliche Wendung ihres Schicksals, zumindest keine baldige. Über ein halbes Jahr verblieben sie noch im Zuchthaus, erkrankten schwer und wären dort beinahe gestorben.

Für die Nachgeboren freilich stellt das Geschehen im

Münchner Zuchthaus an jenem 22. Januar 1684 einen Glücksfall dar. Das Protokoll des Verhörs nämlich blieb erhalten.⁷ Der Bogen Papier, verwahrt im Magazin des Bayerischen Kriegsarchivs in München, dokumentiert, wenn auch nur bruchstückhaft, etwas äußerst Kostbares: die Lebensgeschichten zweier muslimischer Einwanderer. Was deren Angaben gegenüber anderen biografischen Spuren, etwa Einträgen in kirchlichen Tauf- oder Sterbematrikeln, auszeichnet, liegt gerade im Wesen des Gesprächs. Die beiden Achmets gaben Auskunft über sich selbst. Das Protokoll bewahrt schlicht das früheste Selbstzeugnis muslimischer Migranten auf deutschem Boden.

Es muss ein übel riechender und feuchter Boden gewesen sein. Direkt unter dem Zuchthaus rauschte ein Bach in die Stadt, der sich ein paar Meter weiter, beim Rosental, mit dem Angerbach vereinigte, nach Osten bog und als Ross-Schwemme an St. Peter vorbeizog. Das Correctionshaus stand direkt an der Stadtmauer südlich des Heiliggeistspitals. Für etwa dreißig bis vierzig Insassen war das langgestreckte Gebäude angelegt. Den Gefangenen stand ein einziger Abort zur Verfügung. Stets habe ein „unleidlicher Geruch" die Luft verpestet, weiß die vergilbte Dissertation eines Juristen aus Tempelhof zu berichten. Demnach erhielt das Zuchthaus erst 1762 ein Krankenzimmer, und 1774 wurde die „Marterbank" entfernt.⁸

Gefoltert wurde aber offenbar weiter. Der bayerische Universalgelehrte Lorenz Westenrieder jedenfalls widmete in seiner berühmten Beschreibung der Haupt- und Residenzstadt München von 1782 den verschiedenen Tortur-Methoden, die im Zuchthaus zur Anwendung kamen, um von Gefangenen Aussagen zu erpressen, mehrere Seiten.⁹

1682, also nur zwei Jahre bevor die beiden osmanischen

Sklaven dort Unterkunft nehmen mussten, hatte Kurfürst Max Emanuel das Zuchthaus bauen lassen, um Landstreicher und Bettler kasernieren und zu regelmäßiger Arbeit anhalten zu können. Streuner bevölkerten in riesiger Zahl das durch den Dreißigjährigen Krieg geschundene Land. Sie vagabundierten in den Wäldern und bildeten in den Städten und Dörfern eine allgegenwärtige Schicht der Verlorenen. Wenn es stimmt, dass jeder zehnte Europäer zu jenem Heer der Entwurzelten zählte, gehörten allein im Kurfürstentum Bayern etwa hunderttausend Seelen zu dieser höchst gefährdeten und gefährlichen Klasse. Wie andere Städte auch, ging München mit Verordnungen, Verboten und Strafen gegen Bettler vor. So galten Arbeitseinsätze, etwa an Kanälen oder Verschanzungen, als übliche Zwangsmittel gegen die ungeliebten Mitbewohner. Mit dem Zuchthaus jedoch gedachte der Landesherr die Vagabunden systematisch zu nützlichen Untertanen umzuerziehen.

Und er gedachte sie auszubeuten. Dem Zeitgeist gehorchend und insbesondere dem großen Vorbild Frankreich nacheifernd, wollte Bayerns absolutistischer Herrscher auch auf dem Feld der Ökonomie führen. Schon der junge Kurfürst gründete mehrere Manufakturen, um mit staatlich hergestellten Waren – Uniformen, Zigarren, Eisendraht oder Gobelins – die Wirtschaft zu fördern. Zwar sollte den merkantilistischen Initiativen Max Emanuels kein dauerhafter Erfolg beschieden sein,

nachfolgende Doppelseite:
Das Münchner Zuchthaus; das 1682 errichtete Gebäude stand an der südlichen Stadtmauer, quer über den heutigen Viktualienmarkt. Im Zuchthaus wurden Arme, Bettler und Vagabunden als Zwangsarbeiter kaserniert und „erzogen". Kupferstich von Michael Wening, um 1700

in den ersten Jahren jedoch verdingten sich in den kurfürstlichen Fabriken Tausende Billigarbeiter: arme Frauen, Kinder, Invaliden und Bettler.

Das Zuchthaus stand quer über dem heutigen Viktualienmarkt – vom Eingang der Westenrieder Straße bis hinüber zur Rosenstraße. Zu Beginn des 19. Jahrhunderts verschwand das Gebäude. Als im Jahr 1858 ein Fotograf vom Petersturm aus das Panorama der Stadt ablichtete, befanden sich auf dem Platz des Zuchthauses nur noch zwei Türme, die einst zum Mauerring gehört hatten. Den inneren, viereckigen Turm nannten die Münchner seit jeher den Fischerturm, der äußere, runde Turm hieß Schaibling. Einige Jahrzehnte später wurden auch die beiden Wehrtürme abgerissen. Erst der Rundturm – und dann, kurz vor der Wende zum 20. Jahrhundert, der Fischerturm.

Vom Zuchthaus existiert kein fotografisches Zeugnis. Lediglich die berühmte Stadtkarte von J. Carl Schleich aus dem Jahr 1806 belegt den Standort des Correctionshauses. Doch halt! Ein Abbild des Zuchthauses blieb sehr wohl erhalten. Und zwar eine höchst präzise, ja beinahe fotografische Aufnahme des Hauses. Der Kupferstecher Michael Wening schuf sie. Das Zuchthaus zu München gehört zu den vielen hundert Ansichten, die Wening in seiner berühmten Landesbeschreibung, der *Historico-Topographia Descriptio*, versammelte. Der Stich, entstanden um 1700, zeigt den langen, dreistöckigen Bau direkt an der Stadtmauer, hinter einem Wassergraben. Unmittelbar neben dem Gefängnis halten der Schaibling und der Fischerturm Wacht. Auf dem Pfad zwischen Mauer und Gebäude sind zwei mit Holz beladene Karren unterwegs. Ein paar Personen ziehen die Wagen, angetrieben von einem Mann, der drohend einen Stock hebt. An mehreren Stellen der Stadtmauer fehlt der

Putz. Ziegel kommen zum Vorschein. Die Front des Hauses besteht aus vergitterten Fenstern: zwanzig in der Horizontalen, drei in der Vertikalen.

Hinter einem dieser Fenster harrten 1684 die beiden verschleppten Türken aus. Ob sie in Ketten lagen? Sie lebten von Wassersuppe, trockenem Brot und hin und wieder einer Handvoll Schmalz. Dabei waren sie wenige Monate zuvor mit einem Heer ausgezogen, dessen schiere Größe die Welt in die Knie hätte zwingen müssen.

Der Mann vom Schwarzen Meer

Aus allen Provinzen des Osmanischen Reichs waren die Krieger des Sultans gekommen, um sich in Belgrad zu sammeln. In den weit entfernten Regionen mussten die Männer bereits im beginnenden Frühling des Jahres 1683 ihre Reise antreten. So auch in der Provinz Silistra an der Nordgrenze des Imperiums. In den Städten Tulca, Karaman, Braila und Hirsovo werden die dort stationierten Kompanien gemeinsam aufgebrochen sein. Der Befehl zur Mobilmachung erreichte auch die Bewohner von Babadag.

Zu den Kämpfern aus der Stadt des heiligen Derwischs Baba gehörte ein etwa dreißigjähriger, groß gewachsener Bauernsohn, der erst wenige Wochen zuvor geheiratet hatte.

Wenn er sich auf der Straße, die ihn an der Donau entlang nach Belgrad führen sollte, im Sattel umdrehte (er besaß wohl ein eigenes Pferd), so wird er gesehen haben, wie das Minarett der Ali-Gaza-Moschee und irgendwann auch der heilige Berg des Baba hinterm Horizont wegtauchten. Dann blickte er wieder nach vorn. Nach Westen. Wo Ruhm und Reichtum auf ihn warteten. Er habe eben auf Beute gehofft, erklärte er etwa zehn Monate später. Zu diesem Zeitpunkt war er selbst zur Beute geworden. Und jene, denen er ausgeliefert war, nannten ihn den langen Achmet.

Die Stadt Babadag liegt im heutigen östlichen Rumänien, in der Region Dobrudscha am Schwarzen Meer. Etliche Völker besiedelten oder plünderten dieses Land. Nach den Skythen, Persern und Griechen kamen Daker, Römer, Goten, Awaren und aus Westsibirien die Petschenegen. Türken und Tataren beherrschen jene Stadt, die einst von den Römern *vicus novus* genannt worden war und die später, in Erinnerung an einen berühmten Derwisch, der hier wirkte und starb, den Namen Babadag erhielt – Berg des Baba.

Früher für Muslime ein bedeutendes Wallfahrtsziel, ist die Stadt heute ein Etappenort für großstadtmüde Reisende aus ganz Europa, die ins Donaudelta pilgern – auf der Suche nach Ruhe, Weite und seltenen Vogelarten. Die US-Luftwaffe, so berichtet das Internet, unterhält einen Stützpunkt in der Nähe. Fotos von Babadag zeigen einige Betonbauten, die wirken, als habe sie jemand hingewürfelt und dann achtlos liegen gelassen.

Babadag zählte im 17. Jahrhundert zu den wichtigen Städten der osmanischen Provinz Silistra. Sogar der Gouverneur residierte dort einige Jahre. Als der lange Achmet 1683 Richtung Belgrad aufbrach und in den Krieg zog, ließ er nicht irgendein verlorenes Nest hinter sich, sondern eine strategisch bedeutsame Festung im nördlichen Territorium des Reiches.

Heute freilich liegt die Heimatstadt des muslimischen Soldaten am zerfaserten, östlichen Rand Europas. Jenseits der Walachei – im Nirgendwo.

Den polnischen Schriftsteller Andrzej Stasiuk, verführt von der Magie vergessener Landstriche, zog es mehrfach in die Dobrudscha. Seine Reisebeschreibungen, in denen er eine Welt beschwört, die „im Verschwinden, im Sterben begriffen" sei, die aus „Altersschwäche in Trümmern" falle, und der doch oder gerade deshalb seine Anteilnahme und Liebe gilt, veröffentlichte Stasiuk im Jahr 2004. Dem Buch gab er den Titel *Unterwegs nach Babadag*. In dem Ort selbst hatte er sich auf zwei Reisen jeweils nur für ein paar Minuten aufgehalten. Stasiuk fuhr mit dem Bus durch Babadag, sah bettelnde Kinder und drei Frauen in langen, roten Kleidern – „bestimmt Türkinnen aus der Dobrudscha". Sie gingen zwischen „Häusern, die zerfielen, bevor sie alt werden" konnten. „Babadag, das war Müdigkeit und Einsamkeit."

Nur zweimal im Leben habe er diese Stadt gesehen, zweimal je zehn Minuten. „Aus solchen Fragmenten setzt sich die Welt zusammen, aus Bruchstücken eines Traums, aus Halluzinationen, aus Fieberfantasien einer Busfahrt." Stasiuk erinnerte sich an das Minarett von Babadag, das erste, das er je gesehen habe. Es sei „roh und einfach", sehe aus wie ein „in den Himmel zielender Bleistift".[10]

Digitale Fotoalben zeigen auch die Moschee der Stadt. Das Gotteshaus stammt aus dem 17. Jahrhundert. Die hellen, sandbraunen Mauern und das schlanke Minarett wird der Bauernsohn Achmet gekannt haben, so wie den Brunnen, an dem die Pilger ihre Hände wuschen, und das für den Derwisch errichtete Mausoleum.

Der Derwisch hieß Sari Saltuk Baba und zählte zu den Missionaren, die den Islam noch vor der Heraufkunft des Osmanischen Reiches in Osteuropa verbreiteten. Der byzantinische Christenkaiser Michael VIII. hatte im 13. Jahrhundert türkischen Kolonisten das Gebiet des Donaudeltas am Schwarzen Meer überlassen. Mit den Siedlern kam Sari Saltuk. Der Islam verbreitete sich zwar in der Dobrudscha – aber er eroberte sie nicht. So umkämpft wie das Grenzland, so unentschieden blieb die Glaubensherrschaft. Mal war der Halbmond deutlicher zu erkennen, mal das Kreuz. In den Städten der Region lebten Muslime und Juden mit römischen und byzantinischen Christen zusammen. Menschen wechselten von einer Religion zur anderen – und konvertierten auch wieder zurück. Noch heute sind in der Dobrudscha einige tausend Gagausen beheimatet, christliche Türken, von denen es heißt, ihre Vorväter hätten als Muslime das Land besiedelt.

Der lange Achmet war in einer Welt groß geworden, in der viele Bekenntnisse ihren Platz hatten. Seine Heimatstadt allerdings war in jenen Zeiten deutlich vom Islam geprägt. Sultan Bayezid II. hatte Babadag Ende des 15. Jahrhunderts quasi neu gegründet. Er ließ zur Erinnerung an den Derwisch Sari Saltuk ein Mausoleum errichten und finanzierte den Neubau des Ortes mit frommen Stiftungen. Es entstanden mehrere Moscheen, Schulen, öffentliche Bäder und Karawansereien.

Ende des 16. Jahrhunderts, so lehrt eine Studie, die der holländische Osmanist und Kunsthistoriker Machiel Kiel verfasste, lebten in Babadag 5500 Menschen – beinahe neunzig Prozent davon waren Muslime. Der Ort war damals die mit Abstand größte Siedlung in der Dobrudscha. Als der berühmte osmanische Reisende Evliya Celebi in der Mitte des 17. Jahrhunderts nach Babadag kam, sah er dort, wo einst Wald und Steppe waren, eine weitläufige, „sehr schöne" Stadt. Sie besitze, so schilderte Evliya, hohe, zweistöckige, aus Stein gebaute Paläste und andere Häuser, zusammen etwa 3000 Gebäude. Er zählte drei Koranschulen (Medresen), drei Bäder (Hamams), acht Karawansereien, zwanzig kleine und drei große Freitagsmoscheen.

Im 18. und 19. Jahrhundert, so Kiel, sei die Stadt Babadag mit ihren glanzvollen Bauten unter der Wucht von vier russischen Invasionen zerfallen. Den Verwüstungen hielten eine Moschee stand, ein Brunnen – und der Ort, an dem des legendären Derwischs Sari Saltuk gedacht wurde. Zwar blieb das originale Mausoleum nicht erhalten. Im 18. Jahrhundert jedoch erbaute die inzwischen verarmte muslimische Gemeinde über der Grabstätte des Heiligen eine neue, wenn auch sehr einfache Gedenkstätte. Rohe Steinwände bilden eine fensterlose, quadratische Grabkammer mit einer Seitenlänge von 4,85 Metern. Die schmale Vorhalle ist nach vorn offen, drei Holzpfosten tragen das hölzerne Dach.

Kiel suchte in den vergangenen Jahrzehnten Babadag mehrfach auf. In der Nähe der Ruine, so notierte er, leben noch einige türkische Familien. Ob es möglich wäre, deren Geschichte zurückzuverfolgen? Ob deren Vorväter wohl Zeugen der großen Zeit des Ortes waren? Ob einer ihrer Ahnen vom Heerzug des Großwesirs Mustafa Pascha hätte berichten können – und von einem Bauernsohn, der die Stadt und seine Familie verließ, um sich in Belgrad der Armada des Sultans anzuschließen? Von der Geschichte des Mausoleums, so berichtet Kiel jedenfalls, wissen die türkischen Anwohner nichts mehr. In der Vorhalle der steinernen Hütte, von den rumänischen Behörden inzwischen renoviert, entdeckte Kiel einen zylindrischen Grabstein – wahrscheinlich das einzige Überbleibsel eines Friedhofs, der einst die Gedenkstätte umgeben haben muss. In den eleganten osmanischen Schriftzeichen des Steins fand der Wissenschaftler die Spuren der untergegangenen muslimischen Kultur Babadags. Die von Kiel ins Englische übersetzten Zeichen bedeuten im Deutschen:

Ihm, der Gnade Gottes teilhaftig, dem Gott seine Sünden vergibt, dem Glücklichen, der im Heil des Glaubens starb und der Gottes Gnade bedarf, Ibrahim Celebi, dem Sohn des Hadji Mehmed Ali, möge vergeben werden. Er ist in die Gegenwart Gottes gebracht worden, der gepriesen sei, im Monat Safar, dem Siegreichen – im Jahr Tausendfünfzig. Sprecht für seine Seele die Fatiha auf.[11]

Der Sohn des Hadji Mehmed Ali war im christlichen Jahr 1640 gestorben, zwischen dem 23. Mai und dem 20. Juni. Fatiha ist der arabische Name für die erste Sure des Korans – die Eröffnung. Muslime beten die Fatiha zu vielen Anlässen. Sie gehört zum täglich fünfmal zu sprechenden Pflichtgebet, wird bei Hochzeiten rezitiert und soll Kranken helfen. Die Islamforscherin Christine Schirrmacher übersetzt die Fatiha so:

Im Namen Gottes, des Gnädigen und Barmherzigen,
Lob sei Gott, dem Herrn der Menschen in aller Welt,
dem Barmherzigen und Gnädigen,
der am Tag des Gerichts herrscht.
Dir dienen wir und Dich bitten wir um Hilfe.
Führe uns auf den geraden Weg, den Weg derer,

*denen Du gnädig bist,
die nicht dem Zorn anheimfallen und nicht irre gehen.*[12]

Das Gebet ähnelt auf den ersten Blick dem Vaterunser. Und doch wirkt es strenger, nicht etwa wegen des letzten Gerichts und des drohenden Zorns, eher wegen der Distanz zwischen dem Flehenden und dem Angerufenen. Der Gott der Fatiha wartet, so scheint es, in größerer Entfernung auf jene, die an ihn glauben und ihm vertrauen.

Der lange Achmet wird diese frommen Worte gut gekannt und er wird sie mehrmals täglich gesprochen haben, in Babadag und später mit den Abertausenden Kriegern Allahs vor den Toren Wiens. Achmet wird die Stadt seines Vaters nicht vergessen haben. Er wird sich an seine Verwandten erinnert haben und insbesondere an die Frau, die er kurz vor seinem Wegmarsch nach Belgrad geheiratet hatte. Bei der Hochzeit wird er das dieser Feier geziemende muslimische Gebet gesprochen haben.

*Führe uns auf den geraden Weg, den Weg derer,
denen Du gnädig bist,
die nicht dem Zorn anheimfallen und nicht irre gehen.*

Ibrahim Celebi, von dem der letzte osmanische Grabstein in Babadag berichtet, war gestorben, bevor Achmet auf die Welt kam. Ob die beiden Familien sich kannten? Sicher wusste Achmet alles über den wichtigsten Toten der Stadt – den legendären Derwisch Sari Saltuk. Nach ihm war die Stadt benannt und wegen ihm war sie wieder aufgebaut worden, seinetwegen kamen Pilger – auch mehrere Sultane reisten zum Mausoleum des Heiligen. Das Gebäude und der Friedhof gehörten zu Achmets Welt so wie die öffentlichen Bäder, die Karawansereien und Moscheen. In einer der Knabenschulen des Ortes (*mekteb*) hatte er lesen und schreiben gelernt. Ob er sich schon in Babadag mit dem Handwerk eines Soldaten vertraut gemacht hatte?

Der lange Achmet nannte sich selbst einen Janitscharen. Er gehörte demnach zu jenen Infanteristen, die den Kern eines jeden osmanischen Heeres ausmachten. Auf diesem Korps, als „neue Truppe" im 14. Jahrhundert gegründet, beruhte die militärische Stärke der Türken. Die hervorragend ausgebildeten, leidenschaftlichen und disziplinierten Kämpfer verbreiteten über Hunderte Jahre Schrecken und Bewunderung auf den Schlachtfeldern Europas, Asiens und Afrikas. Vom Mut und der fanatischen Entschlossenheit der Janitscharen, die mit ihrem Schrei *Allahu Akbahr* dem Feind entgegenrannten, zeugen etliche Berichte. Die Soldaten dieser Elite-Einheit lebten in einer Art mönchischen Askese, organisiert in Verbänden von bis zu 600 Mann. Eine Kompanie, *orta* genannt, bildete die Familie eines Janitscharen. Er durfte nicht heiraten, erhielt kaum Sold, und nach seinem Tod fiel sein Besitz an die Truppe. Janitscharen kämpften nicht nur, sie bewachten Festungen und arbeiteten als Polizisten. Sie übernahmen auch Aufgaben in der Verwaltung des Reiches und konnten hohe Positionen am Hof erreichen.

Im Grunde hatte ein Janitschar nur dem Sultan zu gehorchen und für Allah zu kämpfen. Praktisch jedoch galt seine Loyalität eben auch der elitären Krieger-Gemeinschaft. So weiß die Geschichte des Osmanischen Reiches von etlichen Rebellionen der Janitscharen zu berichten, von deren unkontrollierbarer Macht – und vom langsamen Verschwinden ihrer strengen und asketischen Ordnung. Aber welche Intrigen und Revolutionen sie auch anzettelten, welchen Einfluss sie auch gewannen – die Janitscharen waren nicht nur deshalb mit dem türkischen Großreich verbunden, weil der Auf- und Niedergang dieser einzigartigen Truppe das Schicksal des Imperiums mitbestimmte. Das Wesen des Janitscharen und das Wesen des Sultans gehörten zusammen. Im Reich des Padischah, des göttlichen Schattens auf Erden, dessen absolute Herrschaft auf einer streng hierarchischen Ordnung beruhte, verkörperte der Janitschar den perfekten, bedingungslosen Glaubenskrieger – denn der Janitschar war ein Sklave.

Der Nachwuchs für diese Truppe rekrutierte sich aus verschleppten Christenkindern. Die „Knabenlese", alle paar Jahre in unterworfenen Provinzen durchgeführt, zwang jeweils Tausende Jungen in die Ausbildungsstätten des Sultans. Sie verloren ihren alten Namen, ihren alten Glauben – und ihre Freiheit. So wie die Araber einst aus verschleppten Türken das Sklavenheer der Mamluken formten, so schufen sich die türkischen Sultane aus geraubten Christen das Sklavenkorps der Janitscharen.

Wenn sich also der christliche Sklave Achmet während des Verhörs im Münchner Zuchthaus einen Janitscharen nannte, dann bekannte er damit seine Zugehörigkeit zu einer muslimischen Sklaventruppe. Freilich war diese historische Spitzfindigkeit für ihn selbst ohne Belang. Zum einen sahen sich die besten Krieger des Sultans nicht als recht- und ehrlose Unfreie. Im Gegenteil: Die Janitscharen standen in einem besonderen, engen Vertrauensverhältnis zum Sultan. Zum anderen war im 17. Jahrhundert die einstmals berühmte Kriegerkaste längst degeneriert. Die strengen Regeln der Ausbildung und Askese galten nicht mehr. Die letzte wirkliche Knabenlese soll im Jahr

1663 stattgefunden haben[13], längst suchte sich das Korps seine Rekruten unter den Söhnen früherer Janitscharen – oder aber stellte irgendwelche jungen Männer ein, die einfach auf Beute, auf ein Bett oder auf regelmäßiges Essen hofften.

Möglich, dass Achmet diesen eher irregulären Einheiten zuzuordnen war. Er lebte wohl nicht mehr in mönchischer Zurückhaltung in einer Kaserne. Seine Ehe wies ihn bereits als weltlichen Janitscharen aus. Er war auch nicht der versklavte und konvertierte Sohn eines Christen. Vielleicht hatte sein Vater bei den Janitscharen gekämpft, vielleicht hatte ihn anderes zu den Truppen des Sultans gebracht, Not oder Glaubenseifer.

Die Führung sämtlicher Janitscharen-Verbände oblag dem Janitscharen-Aga. Im osmanischen Heer, das nach Wien zog, hieß dieser Befehlshaber Mustafa Pascha aus Rodosto. Ihm hatte der Sultan 1682 ein kostbares Panzerhemd geschenkt. Bei der Schlacht vor Wien entschied sich der mächtige Offizier Mustafa Pascha zur Flucht – das schwere Kettenhemd überließ er den Feinden. Dem Aga schadete sein Verhalten vor Wien zunächst nicht. Fünf Jahre später stieg er sogar zum Großwesir des Osmanischen Reiches auf. Nachdem er jedoch 1689 weitere Niederlagen gegen die christlichen Heere zu verantworten hatte, fiel er in Ungnade und starb in der Verbannung.

Das Panzerhemd des Mustafa Pascha, ein enges Geflecht vernieteter Eisenringe, zählt zu den Schätzen der Karlsruher Türkenbeute – einer der großen Trophäensammlungen, die von den christlichen Heeren nach ihren Feldzügen gegen die Osmanen in die Heimat gebracht wurden.[14] Auf den Schlachtfeldern holten sich bayerische, sächsische, brandenburgische, badische, polnische und kaiserliche Soldaten alles, was sie greifen konnten: Fahnen, Zelte, Gewehre, Äxte, Helme, Bögen, Sättel, Taschen,

Türkischer Janitschar; das Bild des venezianischen Renaissance-Künstlers Gentile Bellini zeigt ein Mitglied der osmanischen Kriegerkaste mit der typischen Kopfbedeckung, der Ketsche, und dem berüchtigten Reflexbogen. Zeichnung, 15. Jh.

Löffel, Panzerhemden, Faltbecher, Gürtel, Stiefel und Pantoffeln. So wie die Gefangenen sollten die Beutestücke vom errungenen Sieg Zeugnis ablegen. Die Exponate verstärkten aber auch das Interesse des christlichen Publikums an der exotischen Kultur der Osmanen. Der Adel feierte türkische Feste, man kleidete sich in türkischer Tracht, hörte Kompositionen *alla turca*, baute im Schlosspark zu Schwetzingen gar eine Moschee nach, trank türkischen Kaffee und ließ sich von türkischen Lakaien bedienen oder zumindest von solchen in orientalischer Livree.

Als der Halbmond aus der Mode kam, gerieten die Türkenkammern in Vergessenheit. All die Pfeile, Säbel, Rossschweife, Schabracken und Teppiche waren zwar katalogisiert, dennoch verschwanden etliche Beutestücke aus den Magazinen. Sie wurden verschenkt, verkauft oder schlicht gestohlen. Später entdeckten Historiker, Völkerkundler und Kunstgeschichtler den Wert der osmanischen Kriegsware. Also verwandelten sich die Türkenbeuten in Museumsschätze. Die großen Sammlungen lassen sich in Wien, Dresden, Karlsruhe und Ingolstadt bewundern. Natürlich existieren zu diesen Ausstellungen auch Kataloge und etliche Fachbücher. Wer sie liest, dessen Vorstellung eines Janitscharen bekommt nach und nach Farbe und Kontur – und auch die Gestalt des Mannes aus Babadag lässt sich deutlicher erkennen.

Der Janitschar trug ein Obergewand mit engen Ärmeln. In den breiten Gürtel steckte er, wenn er in die Schlacht zog, die Schoßzipfel des Gewandes. Als Unterkleid diente eine lange, blaue Weste. Die Hosen waren eng, die seitlich geschnürten, sandbraunen Lederstiefel besaßen keine Absätze. Schon auf den ersten Blick zeichnete den Krieger seine Kopfbedeckung als Janitscharen aus – eine weiße Filzhaube, die nach hinten abknickte und in einen mächtigen Nackenbehang auslief, der gegen Hitze und Schwerthiebe schützte. Auf der Stirnseite dieser Ketsche (türkisch: *kece* für Filz) war eine mit Silberblech umgebene Hülse angebracht, in der farbige Federn steckten.

Der Janitschar, einst mit Pfeil und Bogen bewaffnet, kämpfte im 17. Jahrhundert üblicherweise mit dem Gewehr. An einer Seidenschnur, über die rechte Schulter geschlungen, hing der Säbel seitlich in seiner ledernen Scheide. Der osmanische Soldat trug diese Blankwaffe auf die slawische Art – verkehrt herum, die Schneide nach oben. Neben dem Dolch steckte in seinem Gürtel der Jatagan, das Janitscharen-Messer, von christlichen Soldaten auch mit dem nüchternen Namen „Kopfabschneider" versehen. Die einschneidige Klinge des Jatagan, etwa sechzig Zentimeter lang, verlief leicht gebogen und zur Spitze hin breiter werdend. Der Italiener Marsigli, der Jahre als osmanischer Kriegsgefangener zubrachte und seine Einblicke in die Waffen- und Heereskunst der Türken in wunderbaren, exakten Zeichnungen verewigte, nannte den Jatagan schlicht *gadar'a*: grausam.

Zu den Beutestücken in den verschiedenen Museen zählen auch zivile Werkzeuge islamischer Soldaten: Löffel aus Holz, Schildpatt oder Elfenbein, lederne Beuteltaschen, Faltbecher, Kürbisflaschen, Pauken, Gebetsteppiche, Zeltstoffe, Kissen – oder ein Rasierumhang in dunkelrotem Seidendamast. All diese Dinge sind verziert, genauer, sie sind mit üppigen, zarten, wundersamen und geheimnisvoll wuchernden Ornamenten bedeckt. Ob gestickt, gewebt, graviert, tauschiert oder gemalt – Blumenmotive, die sich in abstrakte geometrische Muster verwandeln (oder sind es geometrische Muster, die wie florale Flächen wirken?), bedecken Sättel, Gewehrkolben, Säbelgriffe und

Dolchscheiden. Die Verzierungen lenken vom eigentlichen Zweck des jeweiligen Gegenstands ab. Jedes Ding wirbt um Aufmerksamkeit. Nicht nur, dass es dem Betrachter gefallen will. Sein Blick soll sich von der Textur der Oberfläche verzaubern lassen – er soll sie lesen.

All die Werkzeuge dieser einstmals mächtigen Heere – ob sie nun dazu taugten, einen Pferderücken zu bedecken, Wasser aufzubewahren, einen Körper zu beschützen oder einen Kopf abzutrennen – scheinen in eine hauchfeine, transparente Hülle verpackt. Die Hülle selbst ist unsichtbar, aber die Ornamente und Schriftzeichen darauf sind umso deutlicher zu erkennen. Die kalligrafischen Zeilen loben den Hersteller oder den Besitzer des jeweiligen Objekts, drohen dem Feind – und zitieren meist eine Sure. Durch den Damaszenerstahl der Klingen, durch das lackierte Wasserbüffel-Horn der Bögen, durch das geflammte Holz der Gewehrkolben soll Allah zu erkennen sein, so wie er sich im Koran offenbart hatte. „Hilfe von Gott und nahen Sieg! Und verkünde die Freude den Gläubigen!", so künden goldene Schriftzeichen auf dem eisernen Buckel eines aus den Ruten der Rotang-Palme geflochtenen Rundschilds, der in Karlsruhe aufbewahrt wird.

Zur nämlichen Türkenbeute gehört ein Säbel, auf dessen Damaszenerklinge die Worte graviert wurden: „Ich habe mich dem Willen Gottes ergeben." Und immer wieder findet sich auf osmanischen Waffen ein Lob auf Mohammeds mythische Doppelklinge – „es gibt kein Schwert außer Zülfikar". Einer Schwertklinge, aufbewahrt in der Dresdner Türkenkammer, soll Kraft zufließen durch das Gebet: „Oh Schwert, mögen durch dich die Gegner der Religion vernichtet werden; möge der Garten des Sieges durch dein Wasser blühen; möge dein

Besitzer durch das Schwertgebet Schutz finden; dein Kamerad sei der Hauch des Zülfikar." Auch Achmet wird die Aura des heiligen Schwerts täglich gespürt haben. Zülfikar schmückte üblicherweise die Fahne eines Janitscharen-Korps.

Der Forscher Godfrey Goodwin schreibt in seiner Geschichte der Janitscharen, jedes Mitglied dieser Kriegerkaste habe auf einem Arm und auf einem Bein das tätowierte Zeichen seiner jeweiligen Einheit, seiner *orta*, getragen. Janitscharen wollten erkannt werden. Sie sahen sich als erlesene Kämpfer, und sie setzten alles daran, sofort als solche hervorzustechen. Ihr Kampfschrei, ihre Fahne, ihre Uniform, ihre Haube, das Gewehr, der Jatagan – jeder Gegner sollte wissen, mit welcher furchtlosen und gefürchteten Truppe er es zu tun hatte. Auch das Tattoo gehörte zum Kult der Bruderschaft. Nur diente es nicht als Erkennungsmerkmal im Feld, sondern innerhalb der Gemeinschaft selbst, stärkte das Bewusstsein, einer Gruppe von Auserwählten anzugehören.[15]

Als Mitglied dieser Kriegersekte also zog Achmet von Babadag nach Westen. Vierzig Tagreisen, so erinnerte er sich im Verhör, habe die Reise nach Belgrad gedauert. Was er auf dem Ritt erlebte, was während der 52 Tage, in denen sich das osmanische Heer nach Wien wälzte, und was in den 61 Tagen der Belagerung – darüber lässt sich aus der Distanz von über 300 Jahren nichts Genaues sagen. Der Tag jedoch, an dem er seine Freiheit und damit sein bisheriges Leben verlieren sollte, gehört zum Gedächtnis der Welt.

Eine Flut von schwarzem Pech

Es war ein Sonntag, der 12. September 1683. In nur wenigen Stunden entschied sich mit der Schlacht am Kahlenberg ein gewaltiges Drama. Das Osmanische Reich, das seit über dreihundert Jahren Eroberungskriege geführt und in einer letzten Kraftanstrengung zum Schlag gegen die Habsburger ausgeholt hatte, wurde an jenem Tag entscheidend zurückgeschlagen.

Ende März 1683 war Sultan Mehmed IV. mit seinem Heer von Adrianopel nach Belgrad aufgebrochen. Dort überreichte er dem Großwesir die Fahne des Propheten und damit den Oberbefehl über jene Streitmacht, die gegen das Reich der Ungläubigen, der Giauren, ziehen sollte. Bevor er aus Wien floh, schrieb Kaiser Leopold I. seinem Beichtvater, der Krieg sei nun „mehr als sicher". Der Türke rücke heran „mit einer Macht und einem so zahlreichen Heer, dass man seit hundert Jahren kein so zahlreiches mehr gesehen" habe.[16]

In dieser Armee, diesem 300 000-Menschen-Zug, marschierten oder ritten auch jene beiden Türken mit, die sich einige Monate später als kurzer und langer Achmet im Münchner Zuchthaus wiederfanden. Jeden Tag soll der Treck über Stunden in Bewegung gewesen sein: von Istanbul über Belgrad, nach Esseg, Stuhlweißenburg und weiter am rechten Ufer der Donau entlang, vorbei an den österreichischen Grenzfestungen Komorn und Raab. Großwesir Kara Mustafa Pascha, der alleinige und absolute Führer des Heeres, kannte nur ein Ziel: Wien. Mit der Belagerung irgendwelcher Bastionen, mit Stellungsgewinnen oder Feldschlachten hielt sich der Großwesir nicht auf. Er gedachte ins Herz des Feindes zu stoßen. Wäre Wien erobert, würde das Reich fallen. Mit diesem Kalkül sollte Kara Mustafa Recht behalten – und aus diesem Grund sollte er scheitern.

Wien zu halten, so lautete das einfache und überzeugende Argument des Kaisers gegenüber den anderen Fürsten des Reichs, sei eine „Sache, die die ganze Christenheit"[17] angehe. Der Widerstand gegen Kara Mustafa und seine Menschenschlange, die sich am 14. Juli um die Festung Wien legte, wurde zum Kampf gegen den Islam, den mahometischen Erzfeind, erklärt – und die bedrängte Kaiserstadt zum Bollwerk des Abendlands. Leopold I. fand Verbündete. Soldaten kamen aus Polen, Sachsen, dem fränkisch-schwäbischen Kreis und eben auch aus Bayern.

Das vereinigte Heer erreichte Wien im letzten Augenblick. Die Geschehnisse des 12. September 1683 sind durch etliche Chronisten überliefert. Befreite und Befreier berichteten in Tagebüchern, Briefen, Pamphleten und Gedichten. Der Entsatz der Stadt wurde beschrieben aus der Perspektive der Wiener Bürger, der Miliz, der heranrückenden Soldaten, des kaiserlichen Hofs oder der Offiziere der Bündnistruppen. Es existieren auch Schilderungen der Geschlagenen. So protokollierte der Zeremonienmeister im Hofstaat des Großwesirs den Verlauf des Feldzugs, die Belagerung – und die Niederlage. Wie der hohe osmanische Beamte, dessen Namen nicht überliefert ist, das Herannahen der feindlichen Armee erlebte, so mögen es vielleicht auch die beiden späteren bayerischen Kriegsgefangenen empfunden haben.

Die Giauren hatten die Palanke auf dem Berg erreicht und tauchten nun mit ihren Abteilungen auf den Hängen auf wie die Gewitterwolken, starrend vor dunkelblauem Erz. Mit dem einen Flügel gegenüber den Walachen und Moldauern an das Donauufer angelehnt und mit dem andern Flügel bis zu den äußersten Abteilungen der Tataren hinüberreichend, bedeckten sie Berg und Feld und formierten sich in sichelförmiger Schlachtordnung. Es war, als wälze sich eine Flut von schwarzem Pech bergab, die alles, was sich ihr entgegenstellt, erdrückt und verbrennt.[18]

Auch bayerische Soldaten rückten heran. 7500 Soldaten zu Fuß, 3000 Reiter und 800 Knechte. Unter dem Befehl des Kurfürsten kämpfte das bayerische Korps im Zentrum der angreifenden Armee. Die Bayern, so heißt es, seien als Erste in die Hauptstellung der Türken eingedrungen. Als die rückwärtigen Einheiten der Osmanen zu fliehen begannen, rissen sie das islamische Heer in eine wilde, panikartige Rückzugsbewegung. Die Schlacht war entschieden. Das Plündern hob an – und das Niedermetzeln. Unter den Zurückgebliebenen müssen auch die beiden Achmets gewesen sein. Lagen sie bei den Zerfetzten an der

Die Schlacht am Kahlenberg am 12. September 1683; dies ist das einzige zeitgenössische Gemälde, das Max Emanuel als Anführer der bayerischen Truppen beim Entsatz von Wien zeigt.

Der reitende Herrscher ist erkennbar am kurbayerischen Wappen auf der Satteldecke. Bildausschnitt, Öl auf Leinwand, um 1700, unbekannter Künstler

Front? Hockten sie in einem der Laufgräben vor der Festungsmauer? Warteten sie zwischen den Zelten auf eine Kugel oder einen Schwerthieb?

Irgendwo dort draußen harrten sie aus. Den Gestank der tierischen und menschlichen Kadaver, die seit Wochen zu Tausenden herumlagen, werden sie kaum noch wahrgenommen haben. Auch die Myriaden von Fliegen, die sich vom Tod, von Seuchen und Exkrementen nährten, die in ihre Körperöffnungen drangen und ihre Wunden wie Krusten abdeckten, werden sie nicht mehr gestört haben. Aber vielleicht hörten sie die Schreie.

Die Luft muss voll gewesen von Schreien. Osmanische Soldaten machten sich über ihre christlichen Gefangenen her. Jene, die sie nicht erschlugen oder verstümmelten, trieben sie als Sklaven mit auf die Flucht. Und es schrien die verwundeten Kameraden, wegen der Schmerzen oder wegen der Gewissheit, von den kaiserlichen Soldaten gefunden und abgeschlachtet zu werden. Der Janitschar aus Babadag versuchte zu fliehen. Im Verhör berichtete er, sein Pferd sei nicht schnell genug gewesen, und so sei er „unter Christen" geraten. Bayerische Soldaten werden ihn vom Sattel gerissen und irgendeiner wird befohlen haben, ihn am Leben zu lassen. Ob die anderen nur zögerlich gehorchten? Ob sie sich fragten, warum sie ihn nicht in Stücke hauen durften? Jedenfalls kamen sie dem Befehl nach. Sie banden ihn, warfen ihn vielleicht zu Boden und schlugen ihn. Aber sie ließen ihn leben. Diese wenigen Sekunden irgendwo auf dem Schlachtfeld vor Wien glaubt man sich vorstellen zu können. Kann man sie sich vorstellen?

Der Janitschar muss zu erkennen gewesen sein. Was auch immer ihn als Mitglied dieses Korps auswies, die Fahne seiner Einheit, seine Haube oder seine Waffen – die bayerischen Soldaten werden gewusst haben, wen sie vor sich hatten. Vielleicht ließen sie ihn deshalb am Leben. Sie hatten einen osmanischen Elite-Soldaten gefangen und damit eine besondere Beute gemacht, die sich später vorführen oder sogar verkaufen ließ.

Auch wenn dem Großwesir und mehreren Zehntausend Kriegern die Flucht gelang, so hatten die Osmanen doch einen immensen Blutzoll zu entrichten. Allein 40 000 muslimische Soldaten starben während der Belagerung – und noch einmal bis zu 20 000 ließen ihr Leben am 12. September.[19] Der Tag der Entsatzschlacht war ein Tag des Niedermachens, kein Tag, an dem die Besiegten auf Gnade hoffen konnten. In den verlassenen Zelten suchten die Sieger nach Gold, Münzen, kostbaren Kleidern, Waffen oder zumindest nach Wein, Fleisch oder Brot. Dass auch Menschen eine Beute darstellten, dass man sie versklaven oder verkaufen konnte, scheint in den ersten Stunden nach dem Triumph kaum jemand interessiert zu haben. Etwa 3000 kranke und verwundete Osmanen sollen nach der Schlacht bei lebendigem Leib verbrannt worden sein – „zwecks Reinigung der Luft", wie ein Chronist vermerkte.[20]

Dass ein Muslim, der in den Stunden nach der Schlacht christlichen Soldaten ausgeliefert war, überleben würde, schien kaum möglich. Geschweige denn, dass irgendwelche besiegten Osmanen den Weg von Wien nach Bayern antreten würden. Davon jedenfalls ist Hartmut Heller überzeugt. Der fränkische Historiker und Volkskundler sammelt und forscht seit Langem zu den Muslimen, die im Zuge der Türkenkriege ins Reich gelangten. Derartige „Beutetürken"[21] seien erst Jahre nach dem Entsatz von Wien in deutschen Taufmatrikeln zu finden. Die Schlacht vom 12. September 1683 scheine ihr Ende mit „unzähligen türkischen Toten" gefunden zu haben, die einfach in die

Donau geworfen worden seien. In seinen Quellen tauche kein einziger Türke auf, der nach dem Treffen vom Kahlenberg nach „Deutschland verpflanzt" worden sei.[22]

Einige Osmanen verschlug es nach dem Entsatz von Wien aber doch in deutsche Länder. Dem offenbar erzürnten sächsischen Kurfürsten Johann Georg III., der schon drei Tage nach dem Sieg mit seinen Truppen von Wien in Richtung Dresden abgezogen war, schickte der polnische König Jan Sobieski, wohl als Zeichen des guten Willens, ein paar türkische Beutestücke hinterher – Pferde, Banner, Fayence-Gefäße und vier osmanische Gefangene.[23] Lebende Trophäen brachte auch der bayerische Kurfürst mit in die Heimat. Drei gefangene Türken, dies geht aus den Aufzeichnungen der Münchner Jesuiten hervor, wurden als Zeugen des siegreichen christlichen Heerzugs gegen die Truppen der Ungläubigen nach München verschleppt.[24] Die Gefangenen der bayerischen Armee werden mit jedem Tag ihres Marsches nach München deutlicher gespürt haben, dass sie nicht nur ihre Hoffnungen auf Sieg, Ruhm und Beute hinter sich ließen. Sie mussten sich von ihrem bisherigen Dasein verabschieden. Was immer im Westen auf sie wartete – mit ihrem bisherigen Leben würde dies nichts zu tun haben.

Bevor wir die Gefangenen bei ihrer Ankunft in München begleiten, wollen wir noch einmal zurückblicken vor die Mauern Wiens. Die dortige Entscheidungsschlacht durchlitt und überlebte noch jemand, den es wenige Monate später nach München verschlagen sollte. Der lange Achmet wird ihn in der bayerischen Residenzstadt kennengelernt, zumindest von ihm gehört haben. Die beiden Männer, so fremd sie sich waren, ähnelten einander. Beide gingen über Grenzen. Dass dies der eine unter Zwang und der andere aus freiem Willen tat – was besagt das schon? Sie taten es, um zu überleben. Der eine war ein Krieger, der andere ein Dolmetscher.

Die Vorfahren des Übersetzers Lucas Michaelowitz, aus Griechisch-Weißenburg (Belgrad) gebürtig, sollen Armenier gewesen sein. Michaelowitz, dessen Geburtsdatum wir nicht kennen, erklärte in einem seiner zahlreichen Bittbriefe an den bayerischen Hof, er beherrsche neben Türkisch, Deutsch und Italienisch auch „Dalmatinisch oder Ragusaisch", seine Muttersprache.[25] Demnach wäre Ragusa, das heutige Dubrovnik, die Heimat seiner Familie gewesen. Hatte sich die Republik Ragusa bis zur Mitte des 17. Jahrhunderts dem Osmanischen Reich untergeordnet, nahm der Einfluss der Hohen Pforte nach dem Frieden von 1664 ab. Bald darauf mussten die Ragusaner einen dramatischen Einschnitt in der Geschichte ihres Stadtstaates erleiden. Ein Erdbeben zerstörte 1667 große Teile der ehrwürdigen Hafen- und Handelsmetropole, mehrere tausend Menschen starben. Gehörte der junge Mann Lucas Michaelowitz zu jenen Überlebenden, die der Trümmerstadt den Rücken kehren mussten, um irgendwo – egal, ob bei den Osmanen oder den Habsburgern – ihr Glück zu machen?

Tatsächlich wurden genau in jenen Jahren die Grenzen zwischen der Hohen Pforte und dem Kaiserreich durchlässig. Der auf zwanzig Jahre geschlossene Waffenstillstand von 1664 animierte eine ganze Generation von Kaufleuten, am politischen Tauwetter in irgendeiner Weise zu verdienen. Zum Kapital dieser Händler zählten Kontakte, Mut, Geld – und insbesondere sprachkundige Mitarbeiter, die sich bei Verhandlungen und für Kurierdienste einsetzen ließen.

Lucas Michaelowitz darf wohl zu diesen Fachkräften gerechnet werden. Jedenfalls verließ sich der österreichische

Adlige und Geschäftsmann Baron Christoph von Kunitz auf die Dienste des jungen Ragusaners. Kunitz hielt sich im Auftrag der Ersten Orientalischen Handelskompagnie gerade in der Stadt Ofen (heute: ein Teil von Budapest) auf, als ihn 1680 die kaiserliche Forderung erreichte, möglichst rasch nach Istanbul aufzubrechen, um dort den erkrankten Residenten des Reiches abzulösen und die Möglichkeiten einer Verlängerung des bald auslaufenden Friedensvertrags zu erkunden.

Der neue Botschafter des Kaisers blieb am Bosporus ohne jeglichen diplomatischen Erfolg. Und als das Heer des Sultans schließlich gegen das christliche Reich in den Krieg zog, musste Kunitz mitreisen, als Gast und als Geisel des Großwesirs Kara Mustafa. Das persönliche Ungemach des Residenten entwickelte sich aber spätestens mit dem Beginn der Belagerung Wiens zu einem Glücksfall – für das kaiserliche Heer, dem Kunitz immer wieder geheime Depeschen über die Situation der Belagerer schickte, und für die Nachwelt, denn der Erlebnisbericht des habsburgischen Edelgefangenen in der muslimischen Armada gehört zu den wichtigsten Zeugenberichten der Geschehnisse von 1683.[26]

Im Umfeld von Kunitz und der von ihm geführten Orientalischen Kompagnie agierten neben Lucas Michaelowitz noch andere Kuriere. Zwei von diesen erlangten durch ihre tollkühnen Botengänge zwischen der belagerten Stadt Wien und dem kaiserlichen Feldlager einigen Ruhm. Georg Franz Koltschitzky etwa ließ sich nach dem Entsatz als Held feiern, weil er am 12. August eine Botschaft des Wiener Festungskommandanten durch den türkischen Belagerungsring hindurchgeschmuggelt, dem kaiserlichen Befehlshaber Karl von Lothringen überbracht hatte und mit dessen Antwort am folgenden Tag in die Stadt zurückgekommen war. Der andere Geheimkurier hieß Georg Thomas Michaelowitz – war wohl, darauf zumindest haben sich die maßgeblichen Erforscher jenes Geschehens festgelegt, der ältere Bruder von Lucas Michaelowitz – und schaffte die lebensgefährliche Reise aus dem Belagerungsring und wieder zurück gleich zweimal. Georg Michaelowitz und Koltschitzky arbeiteten schon vor der Belagerung im selben Metier und konkurrierten daher auch um dieselben Kunden. Nach dem 12. September 1683 verschärfte sich der Wettbewerb der beiden noch. Sie kämpften um Anerkennung, um einen Posten oder doch zumindest um eine angemessene Rente. Zu Lebzeiten blieb ihnen der große berufliche Erfolg verwehrt.

Jahrzehnte nach dem Tod der beiden jedoch – auch die Erinnerung an deren wirkliche Taten war längst erloschen – ergatterte zumindest einer die begehrte Festanstellung, als Gestalt in einer Legende. Der mutige Kundschafter Koltschitzky, so schrieb es irgendwann einer vom anderen ab, habe schon bald nach dem Entsatz der Stadt das erste Kaffeehaus Wiens gegründet. Fast zweihundert Jahre überdauerte das Märchen vom „hofbefreiten" Kaffeesieder Koltschitzky, bis schließlich der österreichische Studienrat Karl Teply nachweisen konnte, dass der wahre Kaffee-Pionier ein armenischer Kaufmann, Abenteurer, Agent und Saboteur mit Namen Johannes Diodato gewesen war.[27]

Lucas Michaelowitz, Georgs jüngerer Bruder, blieb über Jahrhunderte unbeachtet. Dabei hatte auch er die Belagerung und den Entsatz von Wien miterlebt, und zwar von einer besonders gefährdeten Position aus. Er gehörte zum Personal des Grafen Kunitz, den die Türken zwar arrestiert hatten, der aber offensichtlich als Zwangsgast des osmanischen Heeres immer noch so etwas wie diplomatische Immunität besaß. Der Historiker Teply vermutet, Lucas Michaelowitz habe zumindest eine Geheimdepesche in die Stadt geschmuggelt.[28] Erst am 12. September jedoch, am Tag der Entscheidungsschlacht, schlug die Stunde dieses wagemutigen Mannes. Das Gefecht und die zu erwartenden Plünderungen von welcher Seite auch immer, so erkannte Baron Kunitz, würden vor seinen Zelten kaum haltmachen. Vergeblich bemühte sich der Gesandte deshalb bei der osmanischen Heerführung um eine *salva guardia*, eine Schutzgarde für ihn, seine Leute und seinen Besitz. Später, als die christlichen Truppen immer näher heranrückten und die Front der Muslime schon teilweise zusammenbrach, verfiel der Diplomat auf den Gedanken, eine Leibwache von den christlichen Angreifern anzufordern.

Mehrere Kuriere weigerten sich, einen Weg zu den eigenen Truppen zu suchen, und Kunitz schien sich mit seiner höchst prekären Situation abfinden zu müssen. Dann aber erklärte sich ein Offizier aus dem Tross des Barons zu der Himmelfahrts-Expedition bereit. Da zu befürchten war, dass der Stoßtrupp auf seiner Tour über das Schlachtfeld auch auf osmanische Einheiten treffen würde, musste unbedingt ein Dolmetscher dabei sein. Es war Lucas Michaelowitz, der die Hilfesuchenden begleitete.

Tatsächlich schafften es die Reiter des Botschafters bis zu den sächsischen Truppen. Nach einigem Zögern stellte Kurfürst Johann Georg sechzig Soldaten als *salva guardia* bereit. Die Einheit erreichte das Lager des kaiserlichen Internuntius im letzten Moment. Polnische Soldaten, die schon mit dem Niedermachen und Plündern begonnen hatten, konnten gerade noch verscheucht werden, Baron Kunitz blieb am Leben. Lucas Michaelowitz aber hatte sämtlichen Besitz verloren, den er sich in vier

Jahren bei dem Botschafter erarbeitet hatte – die polnischen Soldaten hatten das Zelt des Ragusaners bereits ausgeraubt.

Die Rettungsaktion für den kaiserlichen Botschafter muss einiges Aufsehen erregt haben. Jedenfalls gehörte sie schon bald zu den Heldengeschichten, die den großen Bericht vom „Türkenjahr 1683" flankierten. Johann Constantin Feige, ein schlesischer Jurastudent, der sich während der Belagerung in Wien aufgehalten hatte, nahm die Kunitz-Episode in seinen berühmten Report auf, ohne allerdings den Namen des Übersetzers und Kuriers zu nennen.[29] Michaelowitz selbst erinnerte an seine Rolle am 12. September mehrfach – und im Grunde immer wieder vergebens. In den Monaten nach der Entsatzschlacht hoffte er auf eine Anstellung am kaiserlichen Hof. Doch in Wien boten zu viele Dolmetscher und Kundschafter ihre Dienste an. Auch nahte der Winter, und in dieser Jahreszeit kamen militärische oder diplomatische Initiativen üblicherweise zum Erliegen.

Welche Verwendung hätte der Kaiser für Michaelowitz haben sollen, wie tapfer und sprachkundig der Mann aus Ragusa auch gewesen sein mag? Michaelowitz wird sich schon damals nach anderen möglichen Auftraggebern umgesehen haben. Auch über den jungen bayerischen Feldherrn wird er Erkundigungen eingezogen haben. Der Wittelsbacher besaß in seinem Stab keinen einzigen Dolmetscher. Vielleicht konnte Michaelowitz im kommenden Sommer beim bayerischen Heer einen Posten ergattern. Denn so viel war sicher: Der bayerische Kurfürst verlangte nach Abenteuern und Ruhm. Wenn wieder die Zeit der Feldzüge anbrach, würde Max Emanuel auf den Kriegsschauplatz zurückkehren. Auch wenn er sich im Spätherbst des Jahres 1683 mit seinen müden und geschwächten Truppen auf den Heimweg nach Bayern machte.

Am 23. November 1683, einem Dienstag, zog Max Emanuel feierlich in die bayerische Haupt- und Residenzstadt ein.[30] Der Hofstaat empfing den Kurfürsten bereits am Isartor. Die drei osmanischen Gefangenen werden den Türkenbezwinger begleitet haben, Zeugen des mächtigen und überwundenen Gegners. Der Siegeszug gelangte durch eine hölzerne Triumphpforte am Rathaus ins Herz der Stadt und des Kurfürstentums. Auf dem Marktplatz erwartete eine jubelnde, staunende Masse den Herrscher und sein Gefolge. Die Schreie und das nicht enden wollende Geläut der Glocken von St. Peter und der Frauenkirche werden den beiden vorgeführten Gefangenen entgegengeschlagen sein. Ob Angst sie stumpf und taub gemacht hatte?

Wohl kaum. Die Osmanen hatten die Belagerung Wiens und die Schlacht am 12. September mitgemacht. Sie hatten zerschnittene, zerhauene und geschundene Körper gesehen und miterlebt, wie Gefangene ausgeweidet wurden, weil man in ihren Mägen Münzen vermutete. Sie werden aufgespießte Köpfe gesehen haben – wahrscheinlich Hunderte davon.

Nein, angsterfüllt werden die drei Türken bei ihrem Gang durch München nicht gewesen sein. Dass sie im Triumphzug des „blauen Kurfürsten" die besiegten und bespuckten Barbaren abgaben, dass sie hier in der Stadt der Ungläubigen nicht mehr waren als exotische Beutestücke, die schon morgen ihren Wert verloren haben könnten, wussten die Verschleppten. Vielleicht spürten sie diese seltsame Kraft, die einen erfüllen kann, wenn alle Auswege versperrt sind. Bisweilen rührt sich ja in solchen Situationen eine leise, absurde Lust am Durchhalten. Gerade wenn nur die Verzweiflung angemessen erscheint, verleiht der Widerstand eine besondere Ruhe. Das „Trotzdem" findet immer irgendeinen Grund.

Zehn Fragen an die Fremden

Der Mensch, so formulierte es Osman Aga, sei stärker als Stein und Holz. Und er schrieb: „Allah ist mit den Geduldigen."[31] Er musste es wissen. Osman Aga wurde besiegt, versklavt, sollte geköpft werden, brachte Monate im Kerker zu und lag mehrere Tage als tot Gewähnter auf einem Abfallhaufen. Die Erinnerungen dieses Soldaten, Übersetzers und Überlebenskünstlers gehören zu den Klassikern der osmanischen Geschichtsschreibung. Das Buch über die „abenteuerlichen Schicksale des Dolmetschers Osman Aga aus Temeschwar, von ihm selbst erzählt", dessen originale Handschrift im British Museum in London verwahrt wird, ist der einzige überlieferte Lebensbericht eines osmanischen Kriegsgefangenen des 17. Jahrhunderts. Mag sein, dass der Memoirenschreiber naiv und kaum gebildet war. Aber er konnte kraftvoll und genau erzählen. Die

Erinnerungen des Osman Aga gewähren einen unvergleichlichen Blick auf einen Schauplatz der Weltgeschichte – und sie leisten genau das, was der Verfasser hatte erreichen wollen: sein Leben vor dem Vergessen zu bewahren.

Die nach München verschleppten Osmanen können da nicht mithalten. Sie schrieben keine Memoiren, und so verwehten im Lauf der Jahrhunderte die Spuren ihres Daseins. Aber sie verwehten eben nicht restlos. Zwei der Verschleppten wurden im Zuchthaus untergebracht, welchen Weg der dritte Türke nehmen musste, lässt sich über die in München gefundenen Dokumente nicht klären. Womöglich blieb er nur wenige Tage in der Residenzstadt, als „Geschenk" für einen mit Max Emanuel verbundenen Herrscher wurde er vielleicht weitergereicht.

Auch von den in München verbliebenen Gefangenen, den beiden Achmets im Zuchthaus, besitzen wir keine ausführliche Lebensbeschreibungen. Doch ist zumindest ihre biografische Selbstauskunft erhalten. Die Antworten der Gefangenen während des Verhörs im Zuchthaus mögen ungenau sein. Sie mögen auch nicht in allen Punkten der Wahrheit entsprechen. Antworten aber waren es dennoch – und wer sich auf sie einlässt, der sieht sich den abenteuerlichsten Schicksalen gegenüber.

Auf jeweils zehn Fragen mussten die beiden Gefangenen antworten. Zunächst ging es um die Personalien: „Wie er heiße, wie alt er sei, ob er verheirath, wieviel er Weiber und Kinder habe, wer seine Eltern gewesen und wo er wohnhafft." Dann sollten die Inhaftierten sagen, ob sie Vermögen hätten, welche Aufgabe sie in der Armee erfüllten, wie sie in Gefangenschaft geraten waren, ob sie im Besitz eines eigenen Zelts gewesen seien, welche Mittel sie zu ihrer Freilassung aufbringen könnten, ob sie irgendwo in Ungarn Bekannte hätten, ob sie etwas über ihren Mitgefangenen wüssten, wie groß das türkische Heer vor Wien gewesen sei.[32]

Der lange Achmet sollte noch berichten, wie viele Christen er umgebracht habe – und ob er lesen und schreiben könne. Beim kurzen Achmet verzichtete man auf diese Fragen. Von ihm wollte man unter Punkt neun wissen, woher die Narben auf seinem Kopf stammten.

Die Liste der Fragen zeigt, worum es den Bayern ging. Sie wollten herausfinden, ob sich die Gefangenen zu Geld machen ließen. Je höher ihr militärischer Rang, je zahlreicher und wohlhabender die Verwandten, umso wertvoller waren die erbeuteten Soldaten. Der Handel mit Kriegsgefangenen war damals ein durchaus übliches Geschäft. Nicht selten wurde zwischen den jeweiligen Streitmächten schon vor dem Waffengang die Höhe des fälligen Lösegelds für bestimmte Dienstgrade, die sogenannte *Ranzion*, vertraglich geregelt. Derartige Kartelle schlossen jedoch nur christliche Gegner untereinander. Zwar tauschten auch die Armeen des Habsburger- und des Osmanischen Reichs Gefangene aus – deren Status und Wert aber musste von Fall zu Fall neu ausgehandelt werden. Während die Offiziere des Kaisers wegen der seit Jahrzehnten andauernden Kriege und Scharmützel mit dem Heer des Sultans an solche Geschäfte gewöhnt waren, dürften die Bayern in dieser Hinsicht im Jahr 1684 noch ziemlich unerfahren gewesen sein. Die beiden Achmets stellten wohl eine Art Premiere dar – man hatte auf dem Schlachtfeld gegen die Türken gesiegt, nun gedachte man einige Beutestücke zu Geld zu machen.

Die beiden Gefangenen werden dies gewusst und möglicherweise, ja sogar höchstwahrscheinlich bei ihren Antworten berücksichtigt haben. So dürften sie kaum daran interessiert gewesen sein, ihre Rolle im osmanischen Heer als bedeutend darzustellen. Je wichtiger sie erschienen, desto höher würde die verlangte *Ranzion* ausfallen – und desto unsicherer würde sich der erhoffte Handel gestalten. Und noch etwas könnten die Inhaftierten bedacht haben: Je geringer und unbedeutender sie sich gegenüber ihren neuen Herren darstellten, desto weniger liefen sie Gefahr, dass die Bayern auf den Gedanken kamen, die beiden osmanischen Krieger seien möglicherweise im Besitz von militärisch bedeutsamen Informationen.

Folgendes nun gab der lange Achmet von sich preis: Er sei dreißig Jahre alt, habe „nur ein Weib" und keine Kinder, weil er erst vor sechs Monaten geheiratet habe. Sein Vater sei Bauer und besitze zwei Ochsen. Sein Heimatort heiße Babadag, vierzig Tagreisen hinter Belgrad. Mit seinem Pferd sei er zur Armee geritten – um dort zu sehen, was man ihm „anschaffe". Er habe kein Vermögen. Als Janitschar habe er täglich drei Kreuzer verdient. Im Feld sei er niemandem untertan gewesen. Er sei frei geblieben und habe keinem etwas getan. Während der Entsatzschlacht habe er zusammen mit elf weiteren Soldaten flüchten wollen. Die anderen hätten wegen ihrer besseren Pferde entkommen können.

Er selbst sei unter „Christen geraten" und gefangen genommen worden. Ein eigenes Zelt besitze er nicht. Er könne nichts geben. Man tue mit ihm, was man wolle. Bekannte in Ungarn habe er nicht, er könne demnach auch niemandem eine Nachricht schicken. Von seinem Mitgefangenen wisse er nicht viel. Der stamme wohl aus der Nähe von Ägypten und heiße auch Achmet. Für Weiteres solle man ihn selbst fragen. Über die Zahl der Türken vor Wien könne er nichts sagen. Er selbst sei von Anfang an dabei gewesen, weil er auf gute Beute gehofft habe. Er habe aber nichts bekommen. Den Großtürken von Konstantinopel, den Sultan also, habe er allerdings gesehen. Schließlich beteuerte er noch einmal, er habe niemandem etwas getan. Und: Er könne weder schreiben noch lesen.

Der kurze Achmet sagte von sich, er sei 35 Jahre alt, habe fünf Kinder und nur ein Weib. Sein Vater sei Handelsmann gewesen. Er komme aus einem Ort, zwei oder zweieinhalb („dritthalb") Tage von Ägypten entfernt. Er besitze nichts mehr. In der Armee habe er mit Schuhen und Tabak gehandelt. Bei der Schlacht um Wien habe er krank in einem Zelt gelegen, sei dort gefangen genommen und um alle seine Sachen gebracht worden. Er kenne niemanden, den man benachrichtigen könne. Er selbst sei des Weberhandwerks kundig. Seinen Mitgefangenen kenne er nicht, sie seien „weit voneinander zu haus". Die Stärke der osmanischen Truppen schätze er auf 200 000. Er selbst sei mit einer Truppe von 3000 Soldaten aus Ägypten gekommen – unter dem Kommando von Bay Ibrahim. Die Hieb- und Stichnarben auf seinem Kopf erklärte der kurze Achmet mit einem Sturz, den er angeblich als Kind (als „kleiner pueb") erlitten habe.

Als er vernahm, ihm drohe die Folter, brach der Gefangene zusammen. Der türkische Kaiser, so beteuerte er weinend, habe den Krieg doch gar nicht gewollt. Der Großwesir sei schuld daran. Wenn er dem noch einmal begegne, würde er ihm mit seinen Zähnen das Fleisch vom Leib reißen. Dann schien er sich zu beruhigen. Er stellte jedenfalls abschließend selbst eine Frage. Er wolle wissen, was man denn begehre – alsdann würde er sich weiter erklären.

Der rabiate Schwur gegen den Großwesir entbehrte nicht einer grausigen Komik. In gewisser Weise war er zu diesem

Zeitpunkt nämlich schon wahr geworden. Freilich hatte den gerade noch allmächtigen osmanischen Feldherrn nicht die Rache irgendeines seiner vielen tausend Untergebenen erreicht, sondern die Wut des einzigen Mannes, dem er sich bedingungslos unterzuordnen hatte. Der Sultan hatte einige Monate nach dem Fiasko des 12. September die Exekution seines ersten Soldaten befohlen. Am 25. Dezember 1683 musste sich Kara Mustafa in Belgrad von einem aus Istanbul gesandten Henker erdrosseln lassen. Der Großwesir, so berichteten Augenzeugen, soll sich seiner letzten Pflicht gegenüber dem Sultan ohne Zaudern und mit der gebotenen Würde unterzogen haben. Das Fleisch also, das ihm der kurze Achmet vom Leib reißen wollte, war dem Großwesir da schon längst von den Knochen gefallen.[33] Ob irgendjemand der am Verhör Beteiligten vom Ende des osmanischen Feldherrn wusste? Er hätte vielleicht gelacht, als der kurze Achmet seinen Racheschwur ausstieß.

Wahrscheinlich aber war an jenem 22. Januar 1684 im Münchner Zuchthaus keinem zum Lachen zumute. Die einen wollten Informationen, die anderen wollten überleben. Beiden Parteien wird nicht klar gewesen sein, wie sie ihr Ziel am ehesten erreichen. Die Bayern besaßen das Mittel der Gewalt: Sie konnten die Folter anwenden, sie konnten auch nur mit ihr drohen. Die Osmanen konnten zu taktieren versuchen. Sie konnten ihre Identität preisgeben oder diese verschleiern.

Für welche Strategie hatten sich die beiden Achmets entschieden? Hießen sie überhaupt Achmet? Sie hatten miteinander gesprochen, das belegen ihre kurzen Auskünfte über den jeweils anderen. Sie werden auf der Reise nach München oder im Zuchthaus ihre Situation gemeinsam erwogen haben. Sie könnten ihre Angaben abgestimmt haben.

Dass damals Gefangene tatsächlich Auskünfte zu verweigern versuchten, belegt der Fall des Habsburgers-Offiziers Claudio Angelo de Martelli. Der Rittmeister im Kürassierregiment des Grafen Dünewald war wenige Tage bevor die türkische Armee Wien erreichte, am 2. Juli 1683, vom Oberbefehlshaber der kaiserlichen Truppen persönlich, dem Herzog Karl von Lothringen, als Kundschafter ausgeschickt worden. Dabei geriet de Martelli jedoch in die Gewalt eines Tatarentrupps. Die Osmanen, die zu diesem Zeitpunkt noch nicht allzu viele feindliche Offiziere erbeutet hatten, führten ihn schon bald vor ihren Heerführer, den Großwesir. Von dem Gefangenen erhoffte man sich Informationen über die Armee des Gegners und insbesondere über den Zustand der Festung Wien. De Martelli will sich damals als einfacher Soldat ausgegeben haben – angeblich verschwieg er seinen Namen und Dienstgrad. Wirklich erfolgreich kann er mit dieser Strategie nicht gewesen sein. Der osmanische Übersetzer jedenfalls, der berühmte Dolmetscher Mavrokordatos, wusste um seine Identität und sprach ihn als „Soldat Claudio" an.[34]

De Martelli schwieg mit gutem Grund. Das muslimische Heer näherte sich Wien. Jede noch so kleine Information über den christlichen Gegner besaß für die Osmanen große Bedeutung. Und jede noch so kleine Auskunft hätte den Rittmeister als Verräter diskreditiert. Ein paar Monate später jedoch befanden sich die beiden osmanischen Kriegsgefangenen in München in einer gänzlich anderen Situation. Die Schlacht um Wien war geschlagen, die eigenen Truppen hatten die Flucht ergriffen. Die osmanische Streitmacht lag darnieder – demnach existierten wohl auch keine bedeutenden Geheimnisse über diese besiegte Armee mehr. Die Bayern, das zeigt das Verhörprotokoll, waren an militärischen Interna auch nicht wirklich interessiert. Sie wollten den Wert ihrer Gefangenen einschätzen, das war alles.

Die beiden Achmets gaben sich als Mitläufer aus – damit wollten sie vielleicht die Höhe des später eventuell geforderten Lösegelds drücken und sie versuchten wohl auch Repressalien zu entgehen, wenn sie beteuerten, durch ihre Hand habe kein Christ Schaden genommen. Kaum jedoch gehörte es zu ihrer Strategie, ihre Herkunft zu verschleiern. Tausende Kilometer und damit Dutzende, wenn nicht hunderte Tagesreisen lagen zwischen ihnen und ihren Familien – also jenen Menschen, die möglicherweise zur Zahlung einer *Ranzion* bereit gewesen wären. Nur wenn die Gefangenen möglichst genau und wahrheitsgetreu über ihre Verwandten berichteten, besaßen sie zumindest eine minimale Chance, dass irgendwann eine schriftliche Lösegeldforderung den Weg von Bayern in ihre Heimat finden würde.

Besondere Hoffnungen setzten die Gefangenen darauf offensichtlich nicht. Sie waren ihren neuen Herren ausgeliefert, sie konnten nur abwarten. Vielleicht würden sie als Sklaven zur Zwangsarbeit eingesetzt, vielleicht auch weiterverkauft für den Dienst auf einer venezianischen Galeere. Vielleicht würden sie hingerichtet. Freiheit jedenfalls war keine besonders wahrscheinliche Option. Verständlich, dass die beiden Osmanen fatalistisch und wenig kooperationsbereit wirkten.

So verblieben die Gefangenen im Zuchthaus. Die Bayern wussten einfach nicht, was sie mit den Fremden anfangen sollten. Das Verhör jedenfalls hatte kaum weitergeholfen. Im Gegenteil, die jeweiligen Herkunftsorte der beiden Achmets lagen in weiter Ferne. Sollte sich ein bayerischer Unterhändler etwa ans Schwarze Meer oder gar nach Ägypten aufmachen, um dort von den Verwandten der Gefangenen ein Lösegeld einzutreiben? Und selbst wenn Lösegeldverhandlungen grundsätzlich mit den deutlich näher stationierten osmanischen Truppen in Ofen möglich gewesen wären – der Winter hatte sich über das Land gelegt. Und die Kälte ließ jegliche militärische oder diplomatische Initiative erst einmal erlahmen.

Ohnehin konnte sich der bayerische Herrscher in den kommenden Wochen nun wirklich nicht mit den leidigen „Gästen" im Zuchthaus beschäftigen. Während der Karnevalszeit hielt sich hoher Besuch in der Residenz auf – und verlangte die volle Aufmerksamkeit des Kurfürsten. Prinz Eugen von Savoyen, ein entfernter Vetter Max Emanuels, weilte vom 10. Februar bis zum 12. März 1684 in München. Den jungen kaiserlichen Offizier, der auch vor Wien gekämpft hatte, empfing der Kurfürst mit großer Herzlichkeit. Ohne das höfische Protokoll zu beachten, lud er ihn zu gemeinsamen Mahlzeiten ein, ja, er umarmte ihn sogar zur Begrüßung. Von derlei „wilden" Gesten wollte Max Philipp, der Onkel des Kurfürsten, freilich nichts wissen.

Als Prinz Eugen dem Herzog eine Visite ankündigte, teilte ihm dieser mit, er wolle ihn zwar gerne empfangen, jedoch ohne ihm zur Begrüßung die Hand zu reichen. Formal ging diese Verweigerung zwar in Ordnung, der kaiserliche Gast fühlte sich jedoch gekränkt. Also übermittelte der erzürnte Kurfürst seinem Onkel den ausdrücklichen Befehl, dem Prinzen Eugen die Hand zu reichen. Max Philipp gehorchte – und soll in seiner Privatkapelle in der Maxburg einen Tobsuchtsanfall erlitten haben, als er erfahren musste, dass es dem jüngeren Bruder des Kurfürsten, Josef Clemens, durchaus gelungen war, der Hand des Prinzen Eugen zu entgehen.[35]

Von den höfischen Scharmützeln bekamen die Bürger

Münchens freilich wenig mit. Andere Sorgen plagten sie. Noch immer kamen aus dem Osten düstere Nachrichten. Die Pest forderte in Österreich und Ungarn Opfer. An den Stadttoren mussten sich alle ankommenden Reisenden befragen lassen. Verdächtigen Personen wurde der Einlass verwehrt, Briefe wurden geräuchert, um sie von möglichen Krankheitserregern zu reinigen. Nach dem Frühjahr bereitete das trockene Wetter Kopfzerbrechen. In großen Prozessionen beteten die Bürger um den so lange erhofften Regen.[36]

Auch wenn die beiden Fremden im Zuchthaus wahrscheinlich nicht zu den wichtigen Themen in der Stadt und in der Residenz zählten, so galt es dennoch irgendwann eine Lösung in dieser Angelegenheit zu finden. Jemand musste einen Plan fassen, einen Vorschlag unterbreiten. Und so geschah es. Jemand setzte sich hin und verfasste einen Brief. Dieser Jemand war allerdings nicht der Corporal Wegerle oder irgendein Schreiber des Bayerischen Hofes. Erstaunlicherweise griff einer der gefangenen Osmanen, der lange Achmet nämlich, zu Feder und Papier. Und, nicht weniger erstaunlich: Auch dieses Dokument ist erhalten geblieben.

Ein Bittbrief aus dem Kerker

Das Schreiben liegt im Kriegsarchiv, direkt beim Protokoll des Zuchthausverhörs. Die orientalische Schrift mag nur für Eingeweihte zu entziffern sein, als Brief jedoch gibt sich das Dokument ohne Weiteres zu erkennen. Das Blatt misst 16 mal 20,8 Zentimeter und ist in Längs- und Querrichtung jeweils durch zwei Knicklinien in neun Rechtecke strukturiert. Die eine Seite ist fast vollständig beschrieben, die andere nur mit vier Zeilen. Unter diesen steht in lateinischer Schrift „Belgrad". Das Papier lässt sich auf die Größe einer Zigarettenschachtel falten. Sichtbar bleiben dann nur die vier Zeilen und der Name jener Festung, die in vorosmanischer Zeit Griechisch-Weißenburg geheißen hatte. Wer auch immer der Adressat dieser Botschaft war – er hat sie nicht erhalten. Der Brief nach Belgrad ist nie abgeschickt worden.[37]

Brief in osmanischer Sprache; das Schreiben eines türkischen Gefangenen
im Münchner Zuchthaus richtete sich an einen osmanischen Offizier
in Belgrad. Es stammt vom Sommer 1684 und ist die früheste schriftliche
Äußerung eines Türken auf deutschem Boden.

Wer diesen Text übersetzen will, muss mit der türkischen Sprache vertraut sein, so wie sie im 17. Jahrhundert im Reich der Osmanen in Verwendung war, einem Imperium, das sich vom nordafrikanischen Tunis über Ägypten, Syrien, Anatolien, Griechenland, Bulgarien, die Walachei, Siebenbürgen und große Teile Ungarns erstreckte. Türkisch war die Sprache des Sultans, der von seinem Palast in Istanbul aus die halbe Welt beherrschte, dessen Reichtum und Armeen keine Grenzen kannten. Heute beschäftigen sich mit dem osmanischen Türkisch nur noch Spezialisten – und zu den besten unter ihnen zählt Professor Hans Georg Majer.

Der Münchner Gelehrte setzt sich in den Lesesaal des Kriegsarchivs, hält den Brief, nicht einmal besonders ehrfürchtig, in der rechten Hand und murmelte die Wörter wie die Zeilen eines alten Liedes, an dessen Melodie er sich gleich erinnern wird. Er übersetzt ohne Zögern, und auf die wenigen Textstellen, die er nicht eindeutig entschlüsseln kann, deutet er mit dem Stummel eines Bleistifts, den er in der linken Hand hält. Die Adresszeilen des Briefes lauten:

So Gott, der Allerhabene will, gelangt (dieser Brief)
zum Fußstaub Seiner Excellenz des erhabenen Aga,
des Kommandeurs der Kanoniere des kaiserlichen
Hofes in Belgrad

Dann folgt der eigentliche Brief:

Nachdem ich mein Antlitz und meine Augen im edlen
Fußstaub meines erlauchten, hochmögenden, gnädigen
Sultans gerieben und Seinen edlen Rocksaum geküsst ha-

be, möge Gott der Allmächtige, er sei gepriesen, Seine Excellenz, meinen Sultan, vor Irrtum und Gefahr behüten und beschützen, Amen, o Herr der Welten!

Nunmehr ist die Bittschrift dieses Knechts folgende: Derzeit befindet sich Kaschpor Karatsch, Korporal der Mörsertruppe im Heer des Kaisers von Wien, als Gefangener im Gefängnis von Belgrad. Ihn verlangen sie von uns. Derzeit ist unser Preis ... dieser Gefangene. Mein Herr, von Eurer Gnade erflehen wir: Befreit uns (durch den Austausch) mit diesem Gefangenen. Wir bitten, dass Ihr, sobald dieser Brief anlangt, wenn ... Eure edle Absicht ist, dies mit Eurem edlen Schreiben mitteilt. Und lasst den erwähnten Gefangenen in ihrer Sprache einen Brief schreiben und sendet ihn an den Kapudan von Waradin. Und jener möge ihn an die Festung Munik (München), die Festung unseres Aga, des Kurfürsten von Bayern senden. Und steckt die Briefe ineinander und schickt sie so ab. Die Vergeltung guter Werke ist herrlich!

Der Diener Mahmud
Hauptdivision 4
Derzeit Gefangener in der Festung Munik
(im) Lande Bayern
Geschrieben am 1. Receb

Und wenn Ihr den Gefangenen sucht, sucht ihn folgendermaßen: (Es geht um) Kaschpor Karatsch, Korporal der Mörsertruppe im Neuburgschen Regiment. Seine Heimat ist Parayzün (Freising?) im Lande Bayern. So sollt ihr fragen.

Der Brief stellt das wohl früheste überlieferte schriftliche Zeugnis eines türkischen Einwanderers in Deutschland dar. Das Verhörprotokoll ist zwar noch einige Monate älter, während aber auf jenem Papier ein bayerischer Schreiber die übersetzten Worte der gefangenen Türken notierte, war der Brief ganz offensichtlich von einem Osmanen verfasst worden. Majer hat dessen Worte, niedergeschrieben vor über dreihundert Jahren im feuchten und stinkenden Halbdunkel eines Kerkers, in die Gegenwart entlassen.

Der Brief war von einem türkischen Gefangenen in München geschrieben worden, und zwar von dem inhaftierten Soldaten Mahmud. Die Bittschrift muss also im Zeitraum zwischen 1683 und 1688 entstanden sein – denn nur in diesen Jahren beteiligte sich das kurbayerische Heer an den Türkenkriegen. Nach den drei vom Wiener Schlachtfeld verschleppten Türken des Jahres 1683 gelangten zwei große Gefangenen-Trupps nach München – im Oktober 1686, nach der Eroberung Ofens, und im Herbst 1688, nach der siegreichen Belagerung Belgrads. Da der Brief an einen muslimischen Kommandanten in Belgrad gerichtet war, muss er vor dem Herbst 1688 geschrieben worden sein (denn danach gehörte Belgrad für einige Jahre zum Herrschaftsbereich der Habsburger). Der Schreiber nannte als Datum seiner Bittschrift keine Jahreszahl, sondern nur den ersten Tag des Monats Receb.

Da das islamische Jahr, unterteilt in Mond-Monate, etwas kürzer ist als das christliche, variiert auch der erste Tag des Receb, des siebten Mond-Monats, auf dem christlichen Kalender. Der erste Receb des islamischen Jahres 1099 etwa fiel auf den 2. Mai 1688 und der erste Tag des Receb im islamischen Jahr 1098 war für Christen der 13. Mai 1687.[38] Hätte der

Gefangene den Brief am ersten Receb des islamischen Vorjahres (also 1097) geschrieben, wäre dies laut christlicher Zeitrechnung der 24. Mai 1686 gewesen. Das würde bedeuten, der Verfasser war nicht aus Ofen verschleppt worden, denn dieser Trupp erreichte ja erst im Oktober 1686 die Residenzstadt. Im christlichen Jahr 1685 fiel der erste Receb auf den 3. Juni – und im Jahr 1684 auf den 14. Juni.

Sollte der Brief an diesem Tag verfasst worden sein? Im Jahr 1684 harrten in München zwei muslimische Gefangene im Zuchthaus aus. Einer hatte sich im Verhör als Kaufmann ausgegeben, der andere hatte sich nach eigener Aussage im osmanischen Heer den Janitscharen angeschlossen. Mahmud, der Autor des Briefes, war ein Soldat. Wenn er seine Bitte um Austausch an den Kommandanten der Belgrader Kanoniere richtete, darauf macht der Osmanist Majer aufmerksam, dann ist davon auszugehen, dass es sich auch bei Mahmud um einen Kanonier handelte. Und in diesem Teil des osmanischen Heeres dienten häufig Janitscharen. Wurde der Bittbrief also im Jahr 1684 verfasst, dann wäre Mahmud wahrscheinlich identisch mit dem Gefangenen aus Babadag, den die Bayern den „langen Achmet" nannten. Dafür spricht auch, dass der Brief im Kriegsarchiv im selben Faszikel aufbewahrt wird, in dem auch das Verhörprotokoll vom Januar 1684 liegt. Das Schreiben Mahmuds und das dokumentierte Verhör gehören wohl zu ein und demselben Verwaltungsvorgang. Einen Beweis liefern derartige Argumente freilich nicht. Allenfalls lassen sich daraus Vermutungen ableiten. Es sind Indizien, die in eine Richtung deuten: Der Mann aus Babadag könnte mit dem Soldaten Mahmud identisch gewesen sein. Er könnte es gewesen sein. Das ist alles.

Klarheit zumindest über die Entstehungszeit des Briefes

ließe sich gewinnen, wenn die Identität jenes Mannes zu eruieren wäre, gegen den sich der muslimische Gefangene austauschen lassen wollte. Doch über den in Belgrad eingekerkerten Korporal Kasper Kratsch aus Freising sind in bayerischen Archiven keine weiteren Hinweise zu entdecken. Überliefert jedoch sind die Erinnerungen eines anderen christlichen Soldaten, der mehrere Monate im Zuchthaus von Belgrad einsaß – es sind die schon einmal erwähnten Aufzeichnungen des Rittmeisters Claudio de Martelli. Der kaiserliche Offizier geriet im Juli 1683 in osmanische Gefangenschaft, gelangte als Sklave des Großwesirs nach Belgrad und später, nach der Hinrichtung des Kara Mustafa Pascha, nach Istanbul. Im Sommer 1685 wurde er schließlich mit 1000 Talern losgekauft – und reiste auf einem Schiff des britischen Botschafters in die Freiheit.

Die schlimmste Zeit seiner Gefangenschaft erlebte de Martelli in Belgrad, wo Kälte und Hunger die gesamte Bevölkerung peinigten, den Kerker aber in einen Ort des Sterbens verwandelten. Weil ein gefangener polnischer Nuntius sich des katholischen Offiziers annahm und mit ihm seine Sonderrationen an Nahrung und Feuerholz teilte, und wohl auch unterstützt durch Spenden von der katholischen Gemeinde Belgrads, überlebte de Martelli die Haft. In einem Protestschreiben an seinen Herrn, den Großwesir, schildert der gefangene Offizier die Zustände in dem Gefängnis. Von 183 Insassen, so de Martelli, seien nur noch 22 am Leben.

Mehrfach, so erzählt er, sei er dringend ermahnt worden, zum Islam zu konvertieren – andernfalls würde er nicht überleben. De Martelli verweigert den Religionswechsel, ebenso wie er sämtliche Angebote abgeschlagen haben will, seine Situation durch die Preisgabe militärischer Geheimnisse zu verbessern.

Schließlich erfuhr de Martelli, dass sich ein osmanischer Soldat, der vom kaiserlichen Heer gefangen genommen worden war, gegen ihn austauschen lassen wollte. Der Muslim, eingekerkert in der Festung Kormorn, hatte in einem Brief an den Kommandanten von Belgrad gebeten, man möge im Zuchthaus nach dem christlichen „Soldaten Claudi" suchen.

Genau dieses Prozedere hatte auch der Soldat Mahmud vorgeschlagen, ja die Episode in de Martellis Erinnerungen scheint mit dem Brief des Münchner Gefangenen auf seltsame Art verbunden – auch deshalb, weil der Neuburger Corporal Kasper Kratsch, gegen den sich Achmet/Mahmud austauschen lassen wollte, möglicherweise gerade zu der Zeit im Belgrader Gefängnis saß, in der auch de Martelli dort inhaftiert war. Wenn der Corporal damals überhaupt noch lebte, und wenn all die Berechnungen und Spekulationen stimmen.

Wenn, womöglich, vielleicht. In den Kerker des Münchner Zuchthauses fällt zu wenig Licht. Nur Schemen sind zu erkennen, zwei Gestalten, von deren Herkunft wir nur vage Informationen besitzen – und deren weiteres Schicksal uns verschlossen scheint. Was, wenn die beiden Achmets dort in den feuchten Verließen an der südlichen Stadtmauer Münchens ihr Ende fanden? Der Brief könnte durchaus das letzte Lebenszeichen eines der beiden Gefangenen gewesen sein. Denkbar, dass der unglückliche Janitschar den Bittbrief nach Belgrad einfach zu spät geschrieben hatte. Vielleicht war Achmet/Mahmud ja kurz darauf verstorben. Damit wäre auch die Frage beantwortet, warum das Schreiben nicht mehr abgeschickt wurde. Die Bayern hätten es demnach einfach zur Seite gelegt. Und so hätte der Brief denn die Zeiten überdauert, als letzte Spur einer zwar exotischen, aber eben doch verlorenen Existenz.

So könnte es gewesen sein. Aber so war es nicht. Das Dasein der beiden osmanischen Verschleppten endete eben nicht hinter den Mauern des Correctionshauses. Im Gegenteil, es begann dort von neuem. Die beiden Achmets verwandelten sich. Von einem Moment auf den anderen. Sie konnten den Kerker verlassen. Mit einem Mal hatten sie alles abgelegt, ihre Gefangenschaft, ihre Namen und ihre Vergangenheit.

Die Verwandlung der Osmanen

Von der Wiedergeburt der beiden Achmets lässt sich lesen in der früheren Sakristei der Alten Karmeliterkirche am Münchner Promenadenplatz. Der Bau geht auf ein Gelübde des bayerischen Herzogs Max I. zurück, der sich vor seinem Feldzug gegen die abtrünnigen Böhmen, der ihm selbst die Kurwürde und der Welt einen alles zermalmenden Krieg einbringen sollte, des göttlichen Beistands hatte versichern wollen. Heute dient das längst profanierte Gotteshaus als Archiv des Erzbistums München und Freising. Dort lagern sämtliche Matrikelbücher der zum Erzbistum gehörenden Pfarreien, so auch das Taufbuch von St. Peter für die Jahre 1683 bis 1689.[39]

Auf der Rückseite des Blattes 67 verzeichnete der Priester und Kooperator Konrad Kirchmayr am 2. Juli 1684 die Taufe eines erwachsenen Osmanen namens Achmet. Der *turca* tauschte seinen muslimischen Namen gegen den christlichen Namen Franz. Er hieß von nun an wie sein Pate, der Hofrat und Hofoberrichter Franz Adam Präntl von Irsing. Die Zeremonie, so steht es in dem Matrikeleintrag, habe wegen Krankheit des Täuflings nicht in der Pfarrkirche St. Peter stattgefunden, sondern dort, wo der „geweste Türk" und jetzige Christ gerade lebte – im Zuchthaus der Stadt, dem *castigatoria domo Monacensi*.

Dort fand wenige Tage später eine weitere Taufe statt. Auf der Rückseite des Blattes 71 wurde die Zeremonie für den 18. August 1684 vermerkt, wieder von dem Geistlichen Konrad Kirchmayr. Und wieder war der Täufling ein erwachsener Türke mit Namen Achmet – und auch ihm wurde das heilige Wasser nicht in der Kirche St. Peter gespendet, sondern dort, wo er sich gerade wegen einer Krankheit (*propter infirmitatem*) aufhielt. Im Gegensatz zu dem zuvor Getauften verlor dieser *turca* seinen alten Namen aber nicht vollständig. Ab sofort hieß der Mann laut Matrikelbuch Anton Achmet. Namenspatron wird der heilige Anton von Padua gewesen sein.

Anton Achmet, so berichten die lateinischen Worte des Taufeintrags, sei im Jahr zuvor bei Wien gefangen genommen und später nach München gebracht worden. Dort sei er zum Katholizismus bekehrt und eingehend in den Glaubensregeln unterrichtet worden. Bei der Taufe habe ein Jesuit aus Ungarn, der des Türkischen mächtig gewesen sei, übersetzt. Der Kurfürst selbst, Max II. Emanuel, habe die Patenschaft für den konvertierten Muslim übernommen. Anstelle des Wittelsbacher Herrschers sei allerdings dessen Kammerportier Kilian Bill bei der Zeremonie zugegen gewesen, neben etlichen weiteren Personen. Namentlich führt das Matrikelbuch den Pater Aicher und den Herrn (*dominus*) Millauer auf.

Taufe des osmanischen Offiziers Mehmed Colak Bey; die Konversion fand in Wien 1696 im Beisein des Kaisers statt. Das Bild stammt von Andreas Matthäus Wolfgang, der selbst einige Zeit in muslimischer Gefangenschaft verbrachte. Kupferstich von 1700

Die beiden gefangenen Muslime hatten also ihren Glauben gewechselt. Als Christen gehörten sie ab sofort zur katholischen Bevölkerung der katholischen Residenzstadt innerhalb des katholischen Landes Kurbayern. Einzig die Anerkennung des „allein seelig machenden" Glaubens hatte aus den Fremden die beiden Neumünchner Franz Adam Präntl und Anton Achmet gemacht. Mit ihrer Taufe hatten sie den Einbürgerungstest bestanden.

Der Hergang dieser Prüfung lässt sich im Übrigen Wort für Wort nachvollziehen. Die damals gültigen Regeln für die Erwachsenentaufe stehen im Ritualbuch des Freisinger Erzbischofs.[40] Demnach lief zwischen dem Priester (*sacerdos*) und dem erwachsenen Täufling (*catechumenus*) auf Latein oder Deutsch ein streng reglementierter Frage-Antwort-Dialog ab. Wie sein Name laute, was er von der Kirche erhoffe und ob er dem Teufel widersage, begehrte der Priester zu wissen.

Das Ritualbuch beschreibt ausdrücklich die Sonderregeln, die zu beachten waren, wenn es sich bei dem Täufling um einen Konvertiten handelte, der aus einem „Irrglauben" befreit werden sollte. Einen *turca*, so heißt es in dem Regelwerk, habe der Priester aufzufordern, sich vor der mahometischen Treulosigkeit (*mahumetica perfidia*) zu hüten und den bösen Weg des Unglaubens (*parva secta infidelitatis*) zu verwerfen. Die Taufe verlangte also von einem erwachsenen Konvertiten mehrfaches Bekennen und Widerrufen. Erst vor dem Hintergrund dieses Rituals wird deutlich, wie wichtig für die beiden Achmets, die ja weder Deutsch noch Latein verstanden, der Jesuit gewesen sein musste, der (laut Matrikeleintrag vom 18. August) für den Täufling die Fragen übersetzte und an seiner Stelle dem Priester antwortete. Mit der Taufe hatten die beiden Muslime nicht einfach ihren Glauben gewechselt. Sie galten nun als neue Menschen. Sie waren Christen. Und sie kamen frei.

Nicht nur der Ablauf der Taufe lässt sich nachzeichnen, wir können auch exakt den Ort der Zeremonie angeben. Das Zuchthaus nämlich, so steht es in der bereits erwähnten Dissertation von 1926, besaß eine eigene Kapelle. Über diesen geweihten Raum finden sich zwar im Erzbischöflichen Archiv keinerlei Unterlagen, dennoch lässt sich die Kapelle auch heute noch betrachten – auf dem von Michael Wening gestochenen Bild des Zuchthauses.[41]

Exakt in der Mitte der Längsfront durchbrechen zwei hohe, schmale Fenster die Ordnung der ansonsten kleinen und quadratischen Fenster. Über den beiden schlanken Fenstern ruht ein dreieckiger Giebel, und auf diesem thront ein Kreuz mit zwei Querbalken. In diesem derart hervorgehobenen Querflügel muss die Kapelle gewesen sein. Was auch immer sich in diesem Raum im Laufe von immerhin über 130 Jahren abgespielt haben mag, welche Gebete schweigend oder laut gesprochen wurden, wie viele Verzweifelte dort Trost suchten und vielleicht sogar fanden – wir wissen es nicht. Eines aber wissen wir über diesen Raum: Im Sommer 1684 erhielten dort zwei osmanische Kriegsgefangene einen neuen Glauben, einen neuen Namen und ein neues Leben.

Was bedeutete das für Franz und Anton? Die beiden Neumünchner sprachen kein Deutsch, besaßen keine Verwandten und keine eigenen Mittel, um sich in ihrer neuen Heimat auf Dauer einrichten zu können. Waren sie die vorangegangenen Monate – zwei fremde und „gefährliche" Wesen – am äußersten Rand der Stadt festgesetzt, so konnten sie nach der Taufe, sobald sie gesundheitlich dazu imstande waren, das Zuchthaus verlas-

Das Münchner Zuchthaus; der Bildausschnitt des Wening-Stiches (siehe S. 30/31) zeigt die Kapelle des Gebäudes. Dort wurden im Sommer 1684 die beiden gefangenen Osmanen von einem Geistlichen der Pfarrkirche St. Peter getauft. Kupferstich, um 1700

sen. Noch immer werden die Münchner in ihnen die Fremden, die Exoten gesehen haben. Aber sie hatten ihre Gefährlichkeit verloren. Als Katholiken gehörten sie von nun an zu den Untertanen des Kurfürsten und zur Einwohnerschaft der Stadt.

Die beiden kamen wohl zurecht – mit dieser Aussage könnte man sich zufriedengeben. Aber eine derartige Schlussfolgerung geht in Wahrheit von einer (unzulässigen) Analogie aus. Während der habsburgischen Kriege gegen die Osmanen gelangten um das Jahr 1700 Hunderte, vielleicht sogar Tausende gefangene Muslime ins Heilige Römische Reich Deutscher Nation. Viele konvertierten, gründeten Familien und hatten als Höflinge oder Handwerker ihr Auskommen. Einige studierten, andere machten im Militär Karriere. Wenn sie zurechtkamen, werden dies auch Anton Achmet und Franz Adam Präntl geschafft haben. Vielleicht. Vielleicht aber waren sie auch verzweifelt.

Der Volkskundler Hartmut Heller berichtet von einem türkischen Gefangenen 1689 in Pforzheim, der nicht essen wollte und sich in selbstmörderischer Absicht vom Pferd gestürzt haben soll. Ein Soldat habe ihn erschossen. Vielleicht waren die beiden Münchner Osmanen ähnlich betrübt wie der Schicksalsgenosse in der Markgrafschaft Baden. Vielleicht hingen sie in Wahrheit am muslimischen Glauben, so wie der Diener Osman im fränkischen Rügland. 1688 war dieser bei der Schlacht um Belgrad in Gefangenschaft geraten. Über dreißig Jahre lebte und arbeitete er in Rügland am Hof des Freiherrn von Crailsheim. Aber erst im hohen Alter ließ er sich 1727 taufen. Vielleicht empfanden die beiden Achmets den Religionswechsel genauso schwerwiegend. Sie verhielten sich womöglich nur pragmatisch. Mag sein, dass sie sich verstellten. Mag sein, dass die beiden Einwanderer aus dem Morgenland in München immer Außenseiter blieben.[42]

Ob die etwa 25 000 Einwohner der Stadt die getauften *turca* kannten? Immerhin, der Kurfürst hatte sie bei der glorreichen Schlacht um Wien erbeutet. Die Verschleppten bezeugten demnach die militärische Größe und die Gnade des Landesherrn; sie bezeugten nach ihrer Konversion auch den Sieg des Christentums über die „mahometische Sekte". Bei Hof und in der Bürgerschaft könnte ihre Geschichte die Runde gemacht haben. Andererseits: Die beiden Achmets hatten Monate im Kerker verbracht, und Max Emanuel war auch nicht selbst zur Taufe seines „Patensohnes" erschienen, sondern hatte einen Kammerdiener zu der wohl doch eher bescheidenen Zeremonie in das übel riechende Gebäude geschickt. Gut möglich, dass kaum einer in München vom Schicksal der beiden Konvertiten gehört hatte. Gut möglich, ja sogar sehr wahrscheinlich, dass Franz Adam Präntl und Anton Achmet damals die einzigen Münchner osmanischer Herkunft waren – die nicht nur mit ihrer muslimischen Existenz abgeschlossen hatten. Sie verließen nun auch die militärische Sphäre. Der Feldzug gegen Wien, die Belagerung, die Schlacht und die Gefangenschaft gehörten in eine gemeinsame Ereigniskette. Mit der Taufe hatten die beiden Verschleppten die für sie fatale Logik des Krieges verlassen. Von nun an galten sie nicht mehr als Feinde, sondern schlimmstenfalls als ungewöhnliche Mitbürger. Sie hatten sich in Zivilisten verwandelt – und mussten versuchen, sich als solche zu bewähren.

Franz Adam Präntl scheint München irgendwann verlassen haben. Jedenfalls weiß weder ein Matrikelbuch noch sonst ein Schriftstück, das sich in einer bayerischen Bibliothek oder einem geistigen oder weltlichen Archiv befindet, etwas von seinem weiteren Schicksal zu berichten. Auf das Leben des Anton Achmet in der bayerischen Residenzstadt verweisen dagegen eine Reihe von Spuren. Demnach fand dieser osmanische Konvertit sein Auskommen am Hof des Kurfürsten. Er gehörte zu den Sänftenträgern des Fürsten und später zum Personal des Hofstalls. Da die nächsten schriftlichen Belege zum weiteren Schicksal des Osmanen nach seiner Taufe erst auf die Jahre 1687 und 1688 datieren, muss an dieser Stelle der Hinweis genügen, dass Anton Achmet nach seiner Freilassung in München blieb und sich dort auf den Schutz seines neuen Herrn und Patenonkels Max Emanuel verließ.

Der Knecht erlebte die glänzenden Jahre des Wittelsbachers. Bis 1688 unternahm Max Emanuel in jedem Jahr mit bayerischen Truppen Feldzüge gegen die Osmanen. Die Siege bei Neuhäusl (1685), Ofen (1686) und Mohács (1687) gingen auch auf das Konto des jungen Kurfürsten, der von Jahr zu Jahr in der Gunst des Kaisers stieg. Seinen wohl bedeutendsten diplomatischen Erfolg errang Max Emanuel 1685 durch die Heirat mit der Kaisertochter Maria Antonia. Trotz eines Erbverzichts, den die 16-jährige Habsburgerin vor ihrer Hochzeit hatte leisten müssen, konnte ihr bayerischer Gemahl darauf hoffen, mit dieser Ehe eine Rangerhöhung seines Geschlechts einzuleiten. Insbesondere blickte Max Emanuel auf den Thron des spanischen Königs, der schon bald vakant sein würde. Für einen Sohn mit der kaiserlichen Gattin, so das Kalkül des Kurfürsten, ließen sich durchaus Ansprüche auf diese mächtige Position anmelden.

Die Verschleppten von Buda

Die Farben fehlen. Sie sind zwar zu erkennen, aber sie sind ohne Bedeutung. Eine Frau, die zusammen mit einer anderen Frau und einem Kind weggeführt wird, trägt ein rotes Kleid. Rot ist die Uniform des Stürzenden, der am unteren linken Bildrand von einem Reiter niedergesäbelt wird. Rot sind die Mäntel zweier Männer, deren Gesichter unter schwarzen Hüten verborgen sind. Der eine beugt sich über eine nackte Leiche, vielleicht schneidet er sie gerade auf, um im Magen des Toten nach Münzen zu suchen. Der andere entkleidet eine Frau, die auf dem Rücken liegt und ihre angewinkelten Beine über den schon

nachfolgende Doppelseite:
Die Plünderung von Buda; im September 1686 besiegte ein christliches Heer
die osmanischen Verteidiger der Festung. Nach der Eroberung wurde die
Stadt ausgelöscht. Das drastische Bild von Charles Herbel, der den Feldzug
miterlebte, lässt das damalige Grauen ahnen. Öl auf Leinwand, vor 1698

Eroberung v. Ofen 6. Sept. 1686.

nackten Oberkörper presst. Vielleicht hat der Maler irgendwo sonst noch Rot, Blau oder Gelb verwendet. Doch die farbigen Stellen auf der Leinwand dringen nicht durch. Die ganze Szene ist beherrscht von Grau- und Schwarztönen. Die Ansicht ist so voller Rauch und Qualm, dass der Betrachter glaubt, die aschigen Schwaden drängen aus dem Rahmen und nehmen ihm die Luft zum Atmen.[43]

Das Bild, 277 Zentimeter breit und 182 Zentimeter hoch, hängt heute in einem der berühmtesten Prachtbauten des Rokoko, der Kaiserlichen Hofburg in Innsbruck. Es gehört zu den Gemälden, die im Gardesaal die Siege der Habsburger über die Osmanen verherrlichen sollen. Dabei zeigt dieses Werk, gemalt von Charles Herbel, weder eine gloriose militärische Szene noch irgendeinen Heerführer, dem es zu huldigen galt. Es zeigt keinen Lorbeerkranz, keine Posaune, keinen Herrscher mit Zepter oder Kommandostab. Das Bild rühmt nichts. Es erinnert einfach an eine der dunkelsten Stunden dieser an dunklen Stunden so überreichen Ära. Lapidar gibt der Künstler Auskunft über die Koordinaten des Geschehens, das er wohl als Schlachtenmaler des kaiserlichen Feldherrn Karl von Lothringen selbst erlebt hatte. „Eroberung v. Ofen 6. Sept. 1686", so steht es am unteren linken Bildrand. Ein Spruchband im durch Rauch vernebelten Himmel erklärt: BUDA VI CAPTA FERRO ET IGNE VASTATA 1686 – Buda, mit Gewalt erobert, mit Eisen und Feuer zerstört.

Buda, die ehemalige Hauptstadt Ungarns, von den Deutschen „Ofen" genannt, gehörte 145 Jahre zum Herrschaftsbereich der Osmanen, bevor es 1686 von kaiserlichen Truppen – unterstützt durch bayerische und Brandenburger Regimenter – belagert und schließlich erobert wurde. Nach der Niederlage von Wien bedeutete der Verlust des mächtigen und strategisch so wertvollen Vorpostens an der Donau für den Sultan eine militärische und politische Katastrophe. Kein Wunder, dass die Christenheit den Sieg von Ofen feierte – ein „Eckstein" des muslimischen Bollwerks war herausgebrochen, das Riesenreich des „Erzfeindes" geriet ins Wanken.

Doch Ofen wurde nicht einfach erobert, es wurde vernichtet. Eine rasende Soldateska fiel über die Stadt und ihre Bewohner her. Die Masse der Besiegten wurde niedergemetzelt, vergewaltigt oder versklavt. Als die christlichen Heerführer ihre Truppen wieder unter Kontrolle bekamen, war die Stadt geplündert und zum großen Teil verbrannt. Tausende waren massakriert worden, egal ob sie zur muslimischen, jüdischen oder christlichen Gemeinde Ofens zählten. Von der barbarischen Gewalt, die sich damals Bahn gebrochen hatte, berichtet das Ölgemälde des Schlachtenmalers präzise und nüchtern. Es sind die nackten Leiber der Aufgeschlitzten und Geschändeten, deren kaltes Weiß den Vordergrund des Bildes erhellt. Herbel wusste, dass er ein apokalyptisches Geschehen bezeugte. Vielleicht wollte er mit seinem Werk den Schrecken, den er selbst empfunden hatte, spürbar werden lassen. Anklagen wollte er sicher nicht, er wollte berichten und festhalten. So ist es gewesen – bei der „Eroberung v. Ofen 6. Sept. 1686".

Den Betrachter ergreift die Ruhe, die über dem Bild liegt. Alles scheint bereits vorbei zu sein – der Sturmangriff und das Gemetzel. Der Maler hat den Augenblick danach festgehalten. Die Toten sind nackt, die Häuser brennen. Ein einzelner muslimischer Krieger wird schnell noch niedergemacht – ansonsten geht es darum, die verwertbaren Reste der Stadt aufzuklauben. Zu diesen Resten gehörten Pferde und Menschen und die Kleider der Toten. Selbst die Leichen wurden verwertet. Man zog ihnen die Haut ab, dörrte sie und verfrachtete sie in die Heimat, wo diese *mumia* als Grundstoff für magische Heilmittel verkauft wurden.

Die Eroberung von Buda ist nicht nur in einem drastischen Ölgemälde festgehalten worden. Ein Augenzeuge hat den Sturm auf die Stadt beschrieben, in einem für das Barock geradezu beispiellosen Dokument – einer Autobiografie. Der Verfasser, Johann Dietz, hatte als Feldscher – als ärztlicher Nothelfer – die brandenburgische Armee auf ihrem Feldzug nach Ofen begleitet. In seinem Buch *Mein Lebenslauf* schildert er den Alltag der Belagerer in dem längst verwüsteten Land. Hunger, Krankheiten und die Ausfälle der verbissen kämpfenden Türken zermürben die Soldaten. Dann, in der elften Woche der Belagerung, wird an ausgewählte Mannschaften Pulver und Blei ausgeteilt, die Männer bekommen Extrarationen Wein und Branntwein.

> *Daraus ich gewiß schloß: es ginge zum Hauptsturm.*
> *Welches auch geschahe.*

Trotz seiner beinahe naiven Präzision hatte sich Dietz seine Fähigkeit zu erstaunen und zu erschrecken bewahrt. Und so protokolliert er den Untergang der Stadt Ofen:

> *Es war just umb ein Uhr bei hellem Wetter mittages, da die Türken pflegten zu schlafen oder zu essen. Und hatten sich s am wenigsten versehen, als die Unsern in der größten Stille, ohne einigen Schuß, die Bresche erstiegen. Und es von bayerischer Seite gleichso veranstaltet war.*

Ich war auf einem Berge, nicht fern, auf dem Gesicht liegend, und konnte alles eigentlich mit ansehen. Sobald die ersten Gewehr losgingen, da wurde lärmen und ging alles über und über mit Stücken, Granaten und Steinwerfen, Schießen und Hauen; sogar die türkischen Weiber und Kinder, auch die Jüden, derer viel darin waren, trugen zu und wehreten sich desperat auf der Bresche; also daß die Toten auf derselbigen über zwei Ellen übereinander lagen. Es half aber nichts. Sie mußten daran glauben. Sie mochten nun sich wehren und schreien, wie sie wollten, die Stadt war erstiegen.

Da ward das Kind im Mutterleibe nicht geschonet. Alles, was angetroffen ward, mußte sterben. Wie ich denn mit Augen gesehen, als ich mich auch vom Berge über die Bresche in die Stadt gedrungen, daß Weiber dagelegen und die gelöseten Pistolen noch in der Hand haltend, teils bloße Säbel. So aber nackend ausgezogen, die Leiber mit Partisanen durchstochen, durch die Geburt; die Leiber aufgerissen, daß die noch nicht geborenen Kinder herausgefallen; welches mich am meisten gejammert. Nackete Kinder von ein bis zwei Jahren aufgespießet und an die Mauren geschmissen wurden! – Ich bin erstaunet, was da ist vorgegangen, daß auch Menschen viel grausamer als Bestien gegeneinander sich bezeigeten.[44]

Johann Dietz war kein neutraler Beobachter, auch er durchkämmte die brennende Stadt nach Beute. Als er an einem Keller vorbeikam, sah er eine „alte Mutter mit zwei wunderschönen Töchtern" auf ihn zukriechen. Sie umklammerten seine Füße, weinten und flehten um Schutz – „auf ihre Sprache, welche ich nicht verstund". Die „schönen und langgewachsenen" Mädchen, deren Alter er auf zwölf und achtzehn Jahre schätzte, nahm er mit ins Lager, gab ihnen „Essen und Trinken" und überlegte gerade, was er „mit ihnen machen wollte", als ihn der Befehl des Generals erreichte, die Türkinnen seien sofort bei ihm abzugeben. „Das mußte ich thun und war meine schöne Beute los." Die beiden Mädchen, so notiert der enttäuschte Menschenjäger, seien später nach Berlin verbracht, getauft und „vornehme verheiratet" worden.

Wir kennen einen weiteren Zeugen, der den Untergang von Ofen miterlebt hatte – den Dolmetscher Lucas Michaelowitz, der seit 1684 für Max Emanuel arbeitete. In den entscheidenden Stunden der Schlacht um Ofen war er es, der im Auftrag des Kurfürsten mit den letzten Verteidigern der Zitadelle die Kapitulationsverhandlungen führte. Als Michaelowitz nach zwei vergeblichen Versuchen schließlich zu den osmanischen Kämpfern vorgedrungen war, fühlten diese sich getäuscht, als plötzlich flüchtende Türken und nachdrängende bayerische Soldaten heranstürmten. Die Parlamentäre wurden attackiert, zwei Begleiter des Übersetzers niedergehauen. Michaelowitz selbst konnte sich retten.

Nach dem Fall der Stadt, so zumindest berichtet er es selbst, führte Michaelowitz „über 4000 Seelen" aus den Ruinen. Während sich andere durch den Verkauf türkischer Gefangenen hohe *Ranzionen* sicherten, habe er nur Mühen und Gefahren erlitten.[45]

Aus der geplünderten und gebrandschatzten Stadt führte das bayerische Heer etwa 300 Gefangene nach München. Der Konvoi der versklavten osmanischen Männer, Frauen und Kinder reiste auf Flößen über die Donau und den Inn. Die große

Zahl der Muslime, dies wird Max Emanuel bewusst gewesen sein, würde seine doch eher kleine Residenzstadt vor arge Probleme stellen. Die Gefangenen mussten versorgt, beaufsichtigt und in irgendeiner Weise auch beschäftigt werden. Jemand musste sich um die Zwangseinwanderer kümmern. Die Wahl des Kurfürsten fiel auf die Person, die mit der Kasernierung größerer Gruppen Erfahrung besaß – und die sich außerdem schon drei Jahre zuvor, 1683, um die ersten muslimischen Kriegsgefangenen gekümmert hatte. So beauftragte Max Emanuel den Hofkammerrat, Zuchthausdirektor und Fabrica-Oberverweser Johann Paul Millau mit der Aufsicht über die Gefangenen aus Ofen. Den entsprechenden Befehl verfasste der Kurfürst am 15. Oktober 1686 in Wien. Der bayerische Herrscher selbst gedachte sich in der kaiserlichen Hauptstadt noch einige Wochen als Feldherr und Eroberer feiern zu lassen.[46]

Die Flöße mit den Gefangenen machten sich früher auf die Reise in den Westen. Und obwohl der Treck der Verlorenen nur wenige Tage an den Ufern des Inn Rast fand, bevor er sich auf die letzte Etappe nach München begeben musste, blieb das Geschehen über dreihundert Jahre bewahrt, im Tagebuch des Wasserburger Baustadelknechts Philipp Khornmesser. Der schrieb:

Den 17. Oct. In der 42. Wochen hernach sein aufm Wasser 294 gefangene Türckhen samt einem Mufti von Ofen herauf alhero khommen, in Bruederhaus Anger zwischen der 2 ober thor samt der Conuoy Soldathen gelagert. Hat die Burgerschafft das Pürgthor wohl verwachten müessen, das khein Türckh ohne verwilligung hereinschleichen derffen. Sein thaill lustig, traurig vnd krankh gewesen, vnd ainer gestorben dauon. Haben mit gemainer Statt holz versehen müessen werden, tag vnd nacht holz zugefiehrt worden, in der 43. Wochen den 21. Dito zu fues nach München abmarschiert, das holz 26 Claffter, sein per 20 fl. 48 kr. bezahlt worden. Sein vil burgersleüth in ir lager immerzue hinaus zu ihnen hin vnd wider gangen. Das holz ist von den herrn Commissari samt 2 Claffter, so herrn Eisenrichter durch die Türckhen entzogen worden, bezahlt worden.[47]

Nur ein paar Zeilen – und doch bauen sie die Szene auf. Da sind die Fremden draußen vor den Toren, die meisten wohl in Ketten. Sie sprechen Unverständliches. Einige sollen lustig, andere traurig gewesen sein. Vielleicht meinte der Tagebuchschreiber damit das ganze Geschehen – lustig könnte die exotische, aufregende Atmosphäre gewirkt haben; und doch werden die Gestalten in einem erbarmungswürdigen Zustand gewesen sein, an Leib und Seele abgerissen. Vielleicht fanden sich die Gefangenen zu einer religiösen Zeremonie zusammen, als einer der ihren verstarb. Vielleicht sah Khornmesser dabei zu – und glaubte unter all den sich verbeugenden und betenden Menschen einen Geistlichen, den Mufti, erkannt zu haben. Khornmesser und seine Mitbürger könnten an jenem Tag Zeugen eines muslimischen Gottesdienstes geworden sein, vielleicht des ersten auf bayerischem Boden.

Aus dem Tagebucheintrag lässt sich jedenfalls die Neugier herauslesen und die Aufregung, die wohl die ganze Stadt erfasst hatte. Zwar sollte das Burgtor bewacht werden, aber die Wasserburger Bürger scheinen sich nicht sonderlich geängstigt zu haben. Sie wollten nichts verpassen, wollten unbedingt jene Menschen sehen, von denen sie in Predigten gehört hatten, sie seien die Erzfeinde eines jeden Christen und würden danach trachten, alle Rechtgläubigen in die Sklaverei zu führen. Und jetzt kauerten diese angeblichen Teufel am Ufer vor ihren Mauern. Sie froren und hungerten. Auch wenn Khornmesser die Not der Verschleppten nicht direkt erwähnt, in der Bemerkung über das verkaufte (und stibitzte) Holz scheint sie auf.

Einen Hinweis gibt der Wasserburger Stadtarchivar Matthias Haupt. Die Türken kampierten wohl nicht zufällig beim Bruderhaus. An diesem Ort wurden in Wasserburg schon seit dem Mittelalter Sieche und Schwache gepflegt. Das Bruderhaus, so der Archivar, könne durchaus als Vorläufer eines städtischen Krankenhauses gelten. Tatsächlich ist später auf diesem Gelände eine kommunale Klinik errichtet worden. Heute steht dort das Bildungszentrum Sozialverwaltung. Vom Bruderhaus sind nur mehr einige Gewölbe im Erdgeschoss erhalten geblieben. Im Internet lässt sich der alte Raum, der heute als Mensa genutzt wird, betrachten. Bei den wuchtigen Säulen also hatten sie gerastet. Verwundete lagen am Boden, Männer hockten in Gruppen zusammen. Ob einige Kinder hin und her rannten oder sich balgten? Drängten sich die Kleinen an die Frauen, die erschöpft zwar, aber misstrauisch und wachsam die bayerischen Soldaten beobachteten, die abseits am Feuer lagerten?

Nicht alle Schemen und Schatten im Gewölbe blieben namenlos. Unter den Gefangenen war ein vierjähriges Mädchen, das schon wenige Wochen später, am 8. Dezember 1686, in der Münchner Frauenkirche getauft werden sollte. Ihr neuer Vater sollte der Kaufmann Johannes Albert sein, ihre neue Mutter Maria Francisca. Nach ihr sollte das Mädchen aus Buda benannt werden: Maria Francisca Maximiliana. Und viele Jahre nach der Taufe wird jemand neben dem Matrikeleintrag von 1686 vermerken: *fuit facta monialis*. Sie ist Nonne geworden.[48]

Ansicht der Stadt Wasserburg am Inn; das Bild aus Merians Theatrum Europaeum zeigt die von Schweden und Franzosen belagerte Stadt während des Dreißigjährigen Kriegs.

Aus dieser Perspektive ist das Ufer rechts unter der Burg gut zu erkennen.
Dort betrat 1686 die erste große Gruppe türkischer Gefangener bayerischen
Boden. Kupferstich, zwischen 1648 und 1652

Zu den Fremden in Wasserburg gehörte auch Ali. Er wird zwei Jahre später konvertieren. Seine Taufe wird in St. Peter stattfinden. Auch für diesen Neuchristen wird der Kurfürst selbst die Patenschaft übernehmen. Die Zeremonie wird auf den 16. Juni fallen – den Tag des Münchner Stadtheiligen St. Benno. Dessen Namen wird der damals etwa vierzigjährige Mann aus Ofen annehmen. „Benno Alli" arbeitet von nun an als Hofabspüler und Vogelrupfer in der Küche der Residenz. Er heiratet zweimal in München und zeugt drei Söhne. 1713 stirbt seine zweite Frau Anna Katharina. Sieben Jahre lebt er als Witwer; 1720 wird er auf dem südlichen Friedhof, außerhalb der Stadtmauern, zu Grabe getragen. Alli wird über siebzig Jahre alt, etwa die Hälfte seines Lebens verbringt er als Christ in München.[49]

Und noch ein anderes Mädchen hockte vor den Toren Wasserburgs. Fatma war 14, vielleicht schon 15 Jahre alt. Ihr Vater Mehmet Aßap hatte in Ofen angeblich 1400 Soldaten befehligt. An Fatma hatte jemand Gefallen gefunden. Auf das Mädchen, das im folgenden Mai auf den Namen Maria Anna Antonia Josepha getauft werden sollte, wartete ein besonderes Schicksal.[50] Sie ging einen Weg, den vor ihr noch keine gegangen war. Davon konnte sie damals, als sie am steinigen Ufer des Inn die Nacht verbrachte, nichts ahnen. Sie hatte Angst. Fremde Männer starrten sie an, und ihr Vater konnte sie nicht mehr beschützen. Er war bei der Schlacht gefallen. Sie war ausgeliefert. Und eine Ausgelieferte kümmert nicht, ob die kommenden Jahre mit Not, Leid oder, wenn es denn sein muss, irgendeinem Glück aufwarten. Was zählt, sind die nächsten Stunden und Tage. Wird man sie überstehen? Da man sich selbst nicht wehren kann, wird alles auf denjenigen ankommen, der über die Ausgelieferten zu entscheiden hat. Würde er hart sein? Gerecht? Gnädig?

Hofkammerrat Johann Paul Millauer zeigte sich jedenfalls tatkräftig und einfallsreich. Die erschöpften Gefangenen erreichten nach zweitägigem Marsch die Stadt München am 23. Oktober 1686.[51] Wenn sie von Wasserburg kamen, benutzten sie jene Straße, die über Edling, Steinhöring, Ebersberg und Zorneding von Osten her nach München führte und noch immer führt – die heutige Bundesstraße 304, die Wasserburger Landstraße. Millauer ließ die Türken zunächst nicht in die Stadt. Er wies ihnen eine Insel vor dem Isartor zu. Heute steht auf dieser Insel das Deutsche Museum, damals wurde die Kiesbank als Depot für Holz und Kohle genutzt. Sie hieß schlicht Kohleninsel.

Millauer wird diesen Ort gewählt haben, weil dort die Neuankömmlinge gut zu kontrollieren waren. Auf der Insel, nur über eine bewachte Holzbrücke mit den Isarufern verbunden, standen Kasernengebäude – Cassarmen. Die dort stationierten Soldaten sollten auf die kampierenden Türken Acht geben. Die erste schriftliche Spur hinterließen die gefangenen Osmanen bereits einen Tag nach ihrer Ankunft in München. Am 24. Oktober notierte ein Geistlicher im Matrikelbuch der Frauenkirche die Taufe und den Tod eines Türken.[52]

Der Mann sei „ungefähr zwanzig Jahre" alt gewesen. Er sei zusammen mit zwei- bis dreihundert anderen Türken nach der Eroberung Ofens gefangen genommen und nach München gebracht worden – und zwar „vor das Stadtthor, an das Wasser". Dort sei er erkrankt und habe den Wunsch geäußert, er wolle den Glauben wechseln und ein „Christianus" werden. Der Geistliche berichtet, er habe den Konvertiten mithilfe eines „Dollmetsch" über die Grundlagen des katholischen Glaubens unterrichtet und ihn auf den Namen Joseph getauft. Dem Neuchristen, so musste der Priester feststellen, sei danach „eine schlechte lieb von uns katholischen widerfahren". Er sei nämlich zu anderen kranken Türken gebracht worden und dort verstorben. In seinen „letzten Zügen" liegend, habe Joseph gesprochen, er „sterbe als ein Christianus".

Der Matrikeleintrag liest sich wie die Fortsetzung der Tagebuchnotiz, die der Wasserburger Khornmesser drei Tage zuvor angelegt hatte. Hier wie dort wurden Krankheit und Elend registriert. So wie in Wasserburg war auch in München ein Türke verstorben. Ausdrücklich erwähnte der Geistliche weitere kranke Gefangene, die draußen vor dem Stadttor – auf der Kohleninsel – ausharren mussten.

Der Hofkammerrat reagierte. Millauer quartierte die Türken in die Kasernen ein und ließ die Soldaten innerhalb der Stadt „Logis nehmen". Draußen auf der Kiesbank, so heißt es in einem Memorandum vom 29. Oktober 1686, würden die Gefangenen wegen des kalten Winters nicht überleben – sie könnten „daselbst nicht subsistieren".[53]

303 Türken
in
München

Der Bildband *Das alte München* versammelt einige Fotografien der Kohleninsel. Die Aufnahmen vom Ende des 19. Jahrhunderts zeigen noch Häuserblöcke der dortigen Isarkaserne. Auf einem Foto aus dem Jahr 1895 sind zwei lang gestreckte, verschneite Baracken zu erkennen. In diesen, so informiert die Bildunterschrift, seien während des Krieges von 1870/71 gefangene Franzosen untergebracht worden.[54] Ob es diese geduckten Gebäude waren, in denen zweihundert Jahre zuvor osmanische Kriegsgefangene Zuflucht vor der Kälte fanden?

In Kasernen auf der Kohleninsel jedenfalls wohnte die erste Gruppe muslimischer Einwanderer, die je nach München kam. Zwar gelangten bereits zuvor Türken nach Bayern und in die Residenzstadt, aber es waren immer nur vereinzelte gewesen. Exoten aus einem sagenumwobenen, fernen Reich, das mit dem kleinen christlichen Herzogtum praktisch keinen Kontakt pflegte. Die wenigen Osmanen, die es, im Abstand von jeweils mehreren Jahrzehnten, nach München verschlug, hatten sich taufen lassen, blieben als lebende Sehenswürdigkeiten beim Hof oder zogen weiter. Vielleicht würden sich drei, fünf oder gar zehn dieser isolierten türkischen Grenzgänger feststellen lassen.

Anton Achmet gehörte zu ihnen. Und dann auch wieder nicht. Er war nicht allein nach München gekommen. Zwei weitere Muslime waren zusammen mit ihm verschleppt worden. Die drei wurden auch nicht bei einem Scharmützel gefangen oder von einem Adligen gekauft. Sie waren bei einem gewaltigen Aufeinandertreffen christlicher und islamischer Heere erbeutet worden. Dass genau in jenen Jahren mit der *fabrica* in der Au (1679) und dem Zuchthaus (1682) Institutionen zur Disziplinierung und Ausbeutung größerer Menschengruppen entstanden, mag ein historischer Zufall gewesen sein. Aber dieser Zufall machte mit dem Gedanken vertraut, sich in kommenden Schlachten mit Sklaven zu versorgen.

In der Theorie erschien dies plausibel und einleuchtend. Die praktische Frage dagegen, wie und ob überhaupt in München ein Zusammenleben mit den verschleppten Fremden zu organisieren sei, brachte den fürstlichen Sonderbeauftragten Millauer sehr bald in Bedrängnis. In München geschah nämlich genau das, was zuvor schon in Wasserburg zu beobachten war. Die Fremden erregten Neugier. Die Menschen wollten die „Gäste" aus dem Orient kennenlernen. Schon am 21. Januar 1687 erteilte der bayerische Kriegsrat die Order, es seien nur noch jene Personen zu den Fremden in den Kasernen durchzulassen, die eine ausdrückliche Erlaubnis Millauers vorweisen konnten.

Den Türken sei ab sofort jeglicher Ausgang untersagt. Soldaten sollten sie in den Kasernen einschließen.[55]

Doch die Ghettoisierung ließ sich nicht ohne Weiteres durchsetzen. Die Zahl der Gefangenen war zu groß. Da der Platz in den Kasernen nicht ausreichte, hatte Millauer einige Türken an anderen Orten untergebracht – im Zuchthaus und dort, wo üblicherweise Sieche und Gebrechliche versorgt wurden, im Brechhaus vor dem Sendlinger Tor. Auch vor diesem Gebäude hatten Soldaten die Gefangenen zu beaufsichtigen. Sie taten dies auf ihre Weise. Wachmannschaften ließen offenbar Türken in die Stadt und hielten sie zum Betteln an. Die Almosen, so musste der Kriegsrat in einem Memorandum vom 23. Februar 1687 konstatieren, wurden von den Gefangenen und den Soldaten gemeinsam „im Trunkh verzöhrt". Auch diese Bettel- und Sauftouren wurden verboten. Denn „nichts als Krankheiten" seien die Folge von derlei Benehmen.[56]

Nicht Soldaten, sondern fromme Erzieherinnen der Englischen Fräulein hatten sich um das osmanische Mädchen Fatma zu kümmern. Das Kind wurde wohl nicht im eigentlichen Institut der Maria Ward, dem früheren „Paradeiserhaus" in der Weinstraße, unterrichtet. Die junge Türkin zählte sicher zu den Schülerinnen des Armenmädchenhauses, das die Englischen Fräulein während des Dreißigjährigen Kriegs gegründet hatten. Das Waisenhaus, damals noch ein Gebäude in der Löwengrube, sollte „armen Kindern", die „so gar niemand mehr haben", eine Art Grundlagen-Bildung ermöglichen. Ihnen wurde Lesen, Schreiben und einige handwerkliche Fertigkeiten beigebracht. Auch das Christentum gehörte zum Lernstoff.[57]

Für die Englischen Fräulein dürfte Fatma eine besondere Schülerin gewesen sein: Sie war eine Muslimin (wahrscheinlich die erste, die in München eine Schule besuchte), sie stand unter der besonderen Beobachtung des Kurfürsten – und mit ihren 15 Jahren war sie im Vergleich zu den anderen Mädchen wohl auch schon recht alt. Sie schlief wahrscheinlich nicht im Haus in der Löwengrube. Üblicherweise organisierten die Englischen Fräulein für ihre „armen Mädchen" Übernachtungsplätze in Münchner Bürgersfamilien. Vielleicht auch für Fatma, vielleicht aber stand für das Mädchen aus Ofen ein Bett im Paradeiserhaus bereit. Für die religiöse Unterweisung jedenfalls war ein Jesuit zuständig, der „wohlehrwürdige und geistliche Herr Johann Truckenbrodt", wie Fatmas Taufmatrikel ausführt.[58]

Die Taufe empfing sie etwa ein halbes Jahr nach ihrer Gefangennahme, am 30. Mai 1687 – an einem besonderen Ort und unter besonderem Schutz. Der Gottesdienst fand in der Kapelle der Residenz statt, und als Patin der jungen Konvertitin stand die Kurfürstin selbst bereit – Maria Antonia, die Tochter des Kaisers. Fatma erhielt ihren Namen: Maria Antonia Josepha. Der Kurfürst könnte bei der Zeremonie zugegen gewesen sein – und jener Mann, dem der Herrscher das osmanische Mädchen bereits kurz nach der Eroberung von Ofen zur Frau versprochen hatte: Lucas Michaelowitz.

Wenige Wochen nach Fatmas Taufe am 18. Juni 1687 brach der Kurfürst mit seinem Heer (und seinem Dolmetscher) wieder zum ungarischen Kriegsschauplatz auf. Doch selbst im Feldlager erfuhr der Landesherr, dass die Osmanen in München offenbar Schwierigkeiten bereiteten. Etlichen Türken war die Flucht gelungen, andere rebellierten oder beteiligten sich an Prügeleien. Waren die Fremden womöglich nicht zu kontrollieren? Max Emanuel jedenfalls forderte am 1. August 1687 einen ausführlichen Bericht über die angeblichen Missstände.

Am 12. August antwortete das Hofkammergericht.[59] Das Memorandum aus München wird mindestens eine Woche unterwegs gewesen sein, bevor es das bayerische Heerlager in Ungarn erreichte. Für Kurfürst Max Emanuel dürfte die bestellte Nachricht inzwischen an Bedeutung verloren haben. Am 16. August hatte er in der Feldschlacht von Mohács einen wichtigen Sieg errungen. Am Wiener Hof rückte der draufgängerische Wittelsbacher in die Rolle eines kaiserlichen Favoriten. Max Emanuel konnte sich Hoffnungen auf ein neues, weitergehendes militärisches Mandat machen, auch von dynastischem Machtzuwachs durfte er träumen.

Gefertigt und abgeschickt vor über dreihundert Jahren, stellt das Schreiben des Münchner Hofkammergerichts die erste offizielle Einwanderungsstatistik Münchens dar. Der Schreiber des Berichts verfolgte offenbar zwei Ziele: Er wollte den Fürsten beruhigen, für etwaige Fehler aber keinerlei Verantwortung übernehmen. Also wiegelte er ab und wies, wie nebenbei, mehrfach darauf hin, dass er sich lediglich auf die Angaben desjenigen stützen könne, der, gemäß dem Wunsch des Kurfürsten, die muslimischen Gefangenen zu beaufsichtigen habe – Johann Paul Millauer.

So wollte der Berichterstatter von irgendwelchen größeren Streitereien, „schlimmen Händeln", an denen die Türken beteiligt gewesen sein sollen, nichts gehört haben. Wenn es aber doch zu Randalen gekommen sei, hätte Millauer die Rädelsführer sicherlich der *correction*, der Bestrafung, zugeführt. Den Hofkammerrat nannte der Schreiber auch im Zusammenhang mit den Ausbrüchen. Ja, einige Türken, die im Forstenrieder Park Rodungen durchführen sollten, seien tatsächlich ausgerissen. Die Flucht wäre aber auch nicht zu verhindern gewesen, wenn alle Gefangenen gefesselt gewesen wären. Es stünde eben einfach zu wenig Wachpersonal zur Verfügung. Dies habe man von Millauer erfahren. Ohnehin seien vier der geflohenen Türken schon am nächsten Tag wieder freiwillig zurückgekehrt. Sie hätten um Arbeit gebeten und erklärt, der „Teifl" habe sie zur Flucht verführt.

Sodann listet der Schreiber die bis dato nach München eingewanderten Türken auf. Bis August 1687 waren demnach 303 Kriegsgefangene angekommen; 296 davon mit dem großen Transport nach der Eroberung von Ofen. Der ebenfalls gefangene Vize-Pascha von Ofen und drei seiner Diener waren einige Monate später nach München verschleppt worden. Die menschliche Beute nach der Eroberung der ungarischen Festung zählte demnach insgesamt 300 Gefangene. Die Liste des Hofkammergerichts nennt darüber hinaus noch einen Türken, den im November 1686 ein spanischer Graf zurückgelassen habe, und einen weiteren, der im August 1686 von Pressburg gekommen sei. Damit war die Herkunft von 302 Türken benannt, die bis zu diesem Zeitpunkt in München registriert waren. Noch ein Migrant fehlte, um auf die in dem Dokument genannte Gesamtzahl von 303 Einwanderern zu gelangen. Und genau diesen einen Türken führt die Liste auch auf. Zwar ohne einen Hinweis auf seine Herkunft, dafür aber mit der Nennung seiner Tätigkeit. Diesen einen Türken, so heißt es in dem Brief an Max Emanuel, habe sich „Ihre Churfürstliche Durchlaucht ... als Sesselträger" an den Hof genommen.

Mit dem Sesselträger kann nur Anton Achmet gemeint sein, der Patensohn des Kurfürsten. Der Türkenbeauftragte Millauer, auf dessen Angaben sich der Schreiber des Hofkammergerichts ja berief, hatte den Kriegsgefangenen, dessen Taufe er drei Jahre zuvor im Zuchthaus miterlebt hatte, also nicht vergessen. War der mächtige Hofkammerrat möglicherweise mit dem Konvertiten nach dessen Freilassung in Kontakt geblieben? Oder wusste er vom weiterem Schicksal des getauften Türken, für den der Landesherr persönlich die Patenschaft übernommen hatte, einfach deshalb, weil dieser eine exotische Figur darstellte, über die man bei Hofe sprach?

Dass der fürstliche Vertraute Millauer den osmanischen Münchner Anton Achmet nicht vergessen hatte, sondern im Gegenteil ein besonderes Interesse an ihm entwickelt haben könnte, ließe sich auch anders erklären: Der Hofkammerrat hatte schließlich im Herbst 1686 die Order erhalten, er möge sich um die knapp 300 gefangenen Türken aus Buda kümmern. Eine derartige Aufgabe war in München ohne Beispiel: Die Verschleppten mussten untergebracht, beschäftigt und kontrolliert werden. Die Zuwanderer brauchten Regeln – und sie brauchten jemanden, der ihnen diese Regeln erklärte. Auch die Münchner mussten sich auf die Fremden einstellen. Millauer wird also einen Vermittler gesucht haben. Anton Achmet war dafür perfekt. Der Grenzgänger kannte wie kein anderer Bewohner Münchens die Welt der Muslime. Er verstand die Sprache der Gefangenen, er konnte die Weisungen der christlichen Herren übersetzen und die Bitten der Geknechteten. Wenn Millauer an einer möglichst schnellen Verständigung mit den erbeuteten Türken interessiert war, dann dürfte er sich den Sänftenträger geholt haben.

Aber war er überhaupt daran interessiert? Womöglich scherte er sich überhaupt nicht um die Befindlichkeiten der ihm anvertrauten Muslime. Dass er die Fabrik und das Zuchthaus leitete, sprach nicht unbedingt für die Vermutung, Millauer sei ein besonders sensibler und toleranter Mensch gewesen. Vielleicht dachte und plante er nur in den Kategorien von Befehl, Gehorsam und Strafe. Einen Dolmetscher oder gar einen Vermittler hätte er dann gar nicht benötigt. Womöglich ging es ihm nur darum, die versklavten Fremden möglichst schnell und umfassend zu disziplinieren. Zwar hat sich kein Indiz dafür gefunden, dass er besonders rücksichtslos agiert hätte – aber Hinweise auf einen empathischen Charakter, der die 300 Gefangenen bemitleidet hätte, fehlen ebenso.

Dass die Gefangenen in München ein hartes Schicksal zu ertragen hatten, daran kann kein Zweifel bestehen. Die Zahlen, die das Hofkammergericht dem Fürsten überbrachte, lesen sich in dieser Hinsicht eindeutig. Von den 296 Türken, die am 23. Oktober 1686 nach München gebracht worden waren, waren bis zum August des folgenden Jahres, also innerhalb von zehn Monaten, immerhin 26 gestorben. Jeden Monat starben demnach etwa drei Gefangene. Die hohe Mortalität wird den Lebensverhältnissen geschuldet gewesen sein. Die Türken waren in der Kaserne auf der Kohleninsel, im Zuchthaus und im Siechenhaus („Brechhaus") vor dem Sendlinger Tor untergebracht. 141 von ihnen arbeiteten in der Fabrik, 80 wurden vom Hofbauamt eingesetzt. Ausgerissen waren 30 Türken, 16 waren wieder zurückgekehrt.

Von einem „normalen" Zusammenleben zwischen Christen und Muslimen konnte zumindest bis August 1687 nicht die Rede sein. Ein Hinweis dafür ist auch, dass lediglich vier Türken freigelassen und nur zwei getauft worden waren. Die Zahl der Konversionen sollte in den kommenden Jahren deutlich ansteigen. Ein Grund, vielleicht der wichtigste, dürften die erbärmlichen Zustände gewesen sein, denen die Gefangenen ausgesetzt waren. Abgesehen von Flucht oder Freikauf bot einzig die Taufe einen Weg aus Knechtschaft und Zwangsarbeit.

Die hohe Mortalität bedeutet nicht zwingend, dass Millauer die osmanischen Gefangenen besonders perfide oder grausam behandelte. Er wird sie nur so behandelt haben, wie er auch mit den Kindern, Kranken und Armen umging, die er im Zuchthaus und der *fabrica* kasernierte und zur Arbeit anhielt. Der Hofkammerrat hatte es mit der Armee der Bettler, Waisen und Obdachlosen zu tun, die damals durch das Land streifte. Die vielen Tausend heimatlosen Existenzen galten als große Gefahr. Um nur irgendwie zu überleben, waren sie auf das Betteln und Rauben angewiesen. Kirchliche oder staatliche Fürsorge existierte nicht. In Zucht- und Arbeitshäusern gedachte man die Entwurzelten zu erziehen oder zumindest für eine gewisse Zeit nutzbringend einzusetzen. Diese Menschen gehörten niemandem, also verfügte der Landesvater über ihre Arbeitskraft und ihr Leben. Sie waren seine Leibeigenen, so wie die türkischen Kriegsgefangenen.

Gut ging es den Muslimen in München also nicht. Aber ging es ihnen deshalb schlecht? Das Schreiben an den Kurfürsten hält fest, dass die türkischen Arbeiter bezahlt wurden und mit bestimmten Essensrationen rechnen konnten. Der Arbeitslohn lag demnach bei 32 Kreuzern in der Woche, das Hofbauamt zahlte acht Kreuzer am Tag. Jeden Tag stand einem Türken eineinhalb Pfund „Commissbrot" zu, jede Woche ein viertel Pfund Schmalz und eine Handvoll Salz. Von einer Handvoll steht natürlich nichts in dem Bericht. Dort ist die Menge Salz mit dem Viertel eines „Dreißigers", also dem dreißigsten Teil eines Metzens angegeben. Das Hohlmaß Metzen galt damals für Getreide (etwa 34 Liter) und für Salz (etwa 16 Liter).

Der Churfürstlichen Fabrica Woll-Werck hauß in der Au.
1. Die Grosse Waidt- und Schönfärberey, sambt denen Kupffern und Zinnenen Kossen.
2. Die Blauerey und die Waidt Kuyven.
3. Die Tuch pressen, Tuchscherer und die Zubereitung.
4. Die Tuch walch, die Tuch Rammen, sambt der Spiell.
5. Die Holländische Tuchmacherey auß Spanischer Wolle.
6. Die Inländische Tuch und Zeugmacher.
7. Die Spinnerey, Carteyer und Knie Streicher.

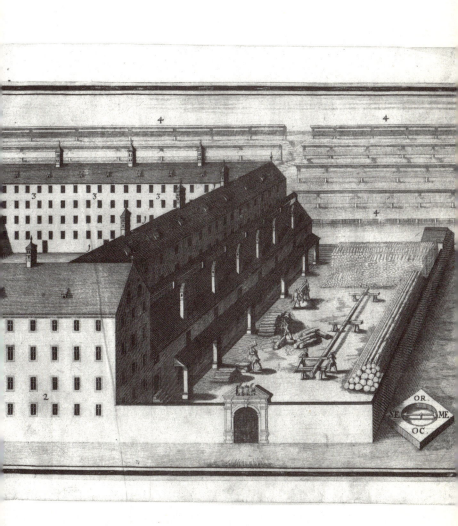

*Die Fabrik in der Au; in diesem Unternehmen des Kurfürsten verdingten
sich Tausende bei der Tuchherstellung. Zu den Arbeitern
zählten zwischen 1686 und 1700 auch Hunderte türkische Sklaven.
Kupferstich von Michael Wening, um 1700*

Zwar bieten die alten Maße und Zahlen keine sicheren Koordinaten, Anhaltspunkte liefern sie aber doch. Ein Lohn von acht Kreuzern am Tag stellte keinen ungewöhnlich niedrigen Verdienst dar. Ein bayerischer Soldat erhielt als Mindestsold sechs bis sieben Kreuzer pro Tag. Von dem Geld musste er sich ernähren, kleiden und sein Quartier bezahlen. Für sechs Kreuzer konnte man sich um das Jahr 1680 in Bayern zwei Brote und zwei Maß Bier kaufen.[60]

Ihr Lohn ließ die Türken also gerade am Leben. Sie mussten hungern – aber sie verhungerten nicht. Das eigentliche Problem aber war, dass der Lohn wohl nur eine theoretische Größe darstellte. Die *fabrica* fertigte insbesondere Uniformen für das bayerische Heer. Der Fürst war der Hauptkunde des Unternehmens, ein Kunde mit einer erbärmlichen Zahlungsmoral. Weil der Hof über Jahre die finanziellen Forderungen der *fabrica* ignorierte, mussten die dort Beschäftigten eben auf ihren Lohn verzichten.

Die türkischen Zwangsarbeiter werden, wenn überhaupt, nur höchst unregelmäßig Geld erhalten haben. Sie konnten sich glücklich schätzen, wenn sie täglich etwas zu essen bekamen. Denn auch das war wohl nicht selbstverständlich. Zu den Dokumenten des Kriegsarchivs gehört jedenfalls ein in dieser Beziehung verräterischer Briefwechsel über die Münchner Türken, ebenfalls aus dem Jahr 1687. Demnach musste sich die Direktion der Fabrik gegenüber dem Hof rechtfertigen, den Gerüchte erreicht hatten, einige der türkischen Arbeiter würden „aus lauter Hunger" schon seit Tagen Gras essen. Millauer gab sogleich Entwarnung. Keineswegs würden die Türken Gras essen, vielmehr sammelten sie einige Kräuter – etwa „Porry und Sauerampfer" – und würzten mit diesen Kräutern ihre Speisen.

Das habe auch der Doktor empfohlen, und es „thue ihnen keinen Schaden".[61]

Diese Korrespondenz ist schon früher entdeckt worden. Einige Münchner Anekdotenbücher erzählen von den „Grastürken" in der Au.[62] Das Missverständnis um die vom Arzt empfohlenen Kräuter gehört zu den skurrilen und komischen Fußnoten der Stadtgeschichte. Doch hatte es sich wirklich um ein Missverständnis gehandelt? Womöglich war dem Direktor der Fabrik einfach nur eine kaltschnäuzige und zynische Antwort eingefallen, und womöglich wollte er mit seiner frechen Replik die menschenverachtenden Verhältnisse, unter denen die Türken zu leiden hatten, nur verschleiern. Was stand auf dem Speiseplan der *fabrica*? Brot, Schmalz und Salz. Hunger wird für die türkischen Zwangsarbeiter ein Dauerzustand gewesen sein. Nach Früchten, Blättern und Wurzeln könnten sie in ihrer Not gesucht haben, einfach um irgendetwas in den Magen zu bekommen.

Vielleicht erging es den Münchner Türken ähnlich wie dem deutschrumänischen Dichter Oskar Pastior, der nach 1945 in ein sowjetisches Arbeitslager deportiert wurde. Als Pastior ein halbes Jahrhundert später der Schriftstellerin Herta Müller von seinem Lager-Alltag erzählte, erinnerte er sich genau an die Macht des Hungers und an die täglichen Rituale, ihm zu begegnen. Die Häftlinge, so Müller in ihrem Buch *Atemschaukel*, pflückten abends auf Schutthalden wilden Dill und eine andere essbare Pflanze – das Meldekraut. Den Stiel dieses Krauts konnte man, mit Salz gewürzt, entweder roh essen oder, wie Spinat, in Salzwasser kochen. Herta Müller schreibt von einem Hunger, der kein anderes Gefühl und keinen anderen Gedanken zuließ. In diesem Zustand sei der Gaumen größer als der

Kopf – „eine Kuppel, hoch und hellhörig bis hinauf in den Schädel". Im Mund schwelle ein Licht und verdränge das Hirn, bis das „Hungerecho" den ganzen Kopf einnehme.[63]

Waren die Münchner Türken derartigen Leiden ausgesetzt? Zwar scheint es abwegig, die Zustände in der kurfürstlichen *fabrica* mit denen eines sowjetischen Arbeitslagers zu vergleichen, doch auf die Frage, ob denn der Hunger vor dreihundert Jahren genauso qualvoll sein konnte wie der Hunger im Jahr 1945, kann es nur eine ehrliche Antwort geben. Und wenn die Geschichte von den Grastürken auf keinem Missverständnis beruht, dann vermittelt sie eben doch eine Ahnung großer Not. Dafür spricht im Übrigen noch ein anderer Umstand: Ein Arzt, so hatte sich das Direktorium der Fabrik verteidigt, habe die Kräuter als gesund empfohlen. Da kaum anzunehmen war, dass die Fabrik über einen eigenen Mediziner verfügte, der ständig über die Gesundheit der Arbeiter wachte, ist davon auszugehen, dass jemand den Arzt gerufen hatte – und zwar mutmaßlich wegen des schlechten Zustands der Türken.

Das Schreiben des Direktoriums nennt auch den Namen des Arztes – „Häckl". Und genau dieser Mann war schon einmal zu kranken Türken gerufen worden. Der „Doktor Georg Häckel" war laut Matrikeleintrag 1684 bei der Taufe des kurzen Achmet im Zuchthaus zugegen.[64] Er muss sich damals um die beiden Kriegsgefangenen gekümmert haben, so wie er sich drei Jahre später um die an Hunger und Erschöpfung leidenden Zwangsarbeiter der Fabrik kümmerte.

Der Fürst als Menschenhändler

Vielleicht ging es den Münchner Türken vergleichsweise gut. Vielleicht konnten sie sogar von Glück sagen, dass sie so gut aufgehoben waren und Arbeit und Lohn und Brot bekamen – und einen Aufseher, der sich rührend und leidenschaftlich um ihr Wohlergehen sorgte. Einen Aufseher, der vielleicht nur etwas überfordert war.

So jedenfalls wurde einst Millauer als Romanfigur dargestellt – in dem Bestseller *Die Türken in München*. Das Buch erschien 1872. Bestsellerautoren hießen damals Volksschriftsteller, und einige von ihnen wurden gar mit Titeln, Orden und Denkmälern geehrt. Zu ihnen gehörte Hermann von Schmid. Er verfasste Gedichte, Dramen und über fünfzig Romane. Der gelernte Jurist, der seinen Posten als Gerichtsassessor in München wegen seiner Scheidung verloren hatte, hielt sich über Jahre mit Erzählungen, die er als Fortsetzungsromane an Zeitschriften verkaufte, und mit Theaterkritiken über Wasser. Mit der „packenden Räuber- und Dorfgeschichte" über die „Huberbäuerin", so im Eintrag in der Neuen Deutschen Biographie über ihn, war dann „das Eis gebrochen".

Der Bayer Schmid etablierte sich als Autor rührender Heimatromane. Zu seinen Werken gehören *Der Jägerwirth von München, Almenrausch und Edelweiß* oder *Sankt Barthelmä*. Irgendwann versuchte er sich als Theaterdirektor (er leitete unter anderem das Gärtnerplatztheater), doch seine Exkursionen in andere Metiers scheiterten. Die gar nicht so leichte Kunst des leichten Texts blieb Schmids Profession. Dass seine Bücher inzwischen zu Recht vergessen sind, ändert nichts daran, dass er ein geübter und erfolgreicher Wortwerker gewesen sein muss.[65]

Liebeswirren, höfische Intrigen und Patriotismus – aus diesen Materialien baute von Schmid auch die Geschichte von den *Türken in München*. Sie spielt in der Max-Emanuel-Zeit. Held der Erzählung ist ein Stadtrat, der vom Kurfürsten den Auftrag bekommen hat, sich um die gefangenen Türken in der Residenzstadt zu kümmern. Schon diese Aufgabe scheint den leicht cholerischen, aber eigentlich grundgutmütigen Stadtrat ziemlich zu fordern. Als er erkennt, dass ausgerechnet sein Sohn Benno eine Türkin liebt und der französische Gesandte mithilfe der türkischen Kriegsgefangenen an einer diplomatischen Falle bastelt, droht dem Münchner Original alles zu entgleiten. Im letzten Moment entscheidet er sich jedoch richtig: Er warnt den Fürsten und gewährt seinem Sohn die Hochzeit mit der schönen Zuleima, die sich natürlich zuvor taufen lässt.

Die Historie diente dem Autor lediglich als Kulisse. Die gefangenen Türken, der leichtlebige Kurfürst, der intrigante französische Gesandte, die Wendung des jungen Max Emanuel weg von Paris und hin zu Wien – all diese Versatzstücke hätte der Schriftsteller jedem x-beliebigen Werk über die bayerische Geschichte entnehmen können. Etwas anderes aber war es mit dem Namen, den er seinem Stadtrat und Türkenaufseher gab – Millauer. Woher kannte der Schriftsteller diese historische Figur? Dass von Schmid die Akten im Kriegsarchiv zufällig gefunden und ausgewertet haben könnte, ist auszuschließen. Der Volksschriftsteller hatte an derartigen zeitraubenden Recherchen sicher kein Interesse. Was er suchte, waren ein paar Stichworte und Anekdoten der bayerischen Geschichte – historische Ornamente eben, die ihn inspirierten und die er ohne viel Mühe in seine eigenen Erzählungen einbauen konnte.

Irgendjemand musste ihm also von dem echten Millauer erzählt haben. Dieser Jemand hieß Graf Max Topor Morawitzky und war offenbar der erste Historiker, der sich mit den Türkenakten im Kriegsarchiv beschäftigte. Im Jahr 1857 veröffentlichte Morawitzky in zwei schmalen Bänden seine *Beiträge zur Geschichte der Türkenkriege 1683 bis 1688*. Der Forscher lieferte keine historische Studie ab, sondern eine Art Stoffsammlung. Er referierte die wichtigsten Daten und Dokumente, die sich auf das Schicksal der türkischen Gefangenen bezogen – und er nannte einige Namen. Mehrfach erwähnte er den Hofkammerrat Millauer, er zitierte aus dem Bericht des Hofkammergerichts an den Kurfürsten, ebenso aus dem Briefwechsel um die „Grastürken".

Morawitzkys *Beiträge zu den Türkenkriegen* lieferten einen grandiosen Rohstoff für Münchner Anekdoten. Den Stadtchronisten jedenfalls entging die eher nüchtern geschriebene Arbeit des adligen Historikers nicht. Auch Hermann von

Schmid muss sie gelesen haben. In der Person Millauers, der von einem Tag auf den anderen zum Türken-Wächter mutierte und sich mehrfach gegenüber dem Kurfürsten wegen tatsächlicher oder angeblicher Missstände zu rechtfertigen versuchte, erkannte der Schriftsteller die ideale Romanfigur – einen strengen, aber liebenswerten katholischen Bayer, der sich urplötzlich mit der exotischen Welt der Orientalen auseinandersetzen muss. Selbstverständlich ließ von Schmid diesen Konflikt harmonisch ausgehen, und selbstverständlich ließ er ihn so enden, wie es sein Publikum erwartete – rührselig und kitschig: Sämtliche gefangenen Türken wurden nach Hause geschickt, einzig die schöne Zuleima ließ sich taufen und heiratete als Katholikin den jungen Millauer.

Der Mann hatte ein Märchen erzählt, ein Integrationsmärchen. Und mit einem geradezu klassischen Klischee hatte er seine Einwanderer-Geschichte enden lassen: Die Gäste passten nicht hierher. Einzelne Fremde konnten gern bleiben, wenn sie sich denn wohl verhielten. Die Masse der Migranten aber verursachte nur Ärger und Irritationen. Die Menschen aus dem Osten sollten wieder dorthin gehen, woher sie kamen. Oder, wie von Schmid seinen Max Emanuel in den letzten Zeilen des Romans seufzen ließ:

Ich denke, es wird gut sein, wenn die Asiaten wieder aus unserm lieben München hinauskommen, sie haben schon genug Unruhe in die Stadt gebracht, und man wird wohl noch in später Zeit zu erzählen wissen von den Vorfällen dieser Tage und von den Türken in München.[66]

Nun ja, von den Vorfällen mit den Türken vor dreihundert Jahren redet in Wahrheit niemand mehr – bestenfalls verstauben sie als angeblich komische Geschichten in irgendeinem Heimatroman. Von den wirklichen Schicksalen der verschleppten Türken scheint nichts geblieben. In der Erinnerung der Bayern bleiben die Fremden aus dem Osten seltsame Gestalten – Kanalarbeiter, Kaffeetrinker, Sänftenträger und „Grastürken". Selbstverständlich hatte von Schmid auch diese Hunger-Episode in seine Erzählung eingebaut: Als einer der Gefangenen beim Stadtrat Millauer über die angeblich unzureichende Kost Beschwerde führt und klagt, man sei bereits gezwungen, Gras zu essen, lässt sich der biedere Aufseher nicht beirren.

> „Was? Gras haben wir ihnen zu essen gegeben?" rief Millauer. „Das will ich nicht hoffen, das ist ja doch nicht möglich. Lasst mich einmal das Gras anschauen. Ah", fuhr er fort, als er den Deckel aufgehoben, „das ist ja Spinat, wunderschöner Spinat, und noch dazu so appetitlich, als wenn ihn meine Stasi gekocht hätte! Und das halten die dummen Teufel für Gras? Spinat ist ein vorzügliches Essen und gesund obendrein, das sollen sie nur essen lernen!"[67]

Die Geschichte der Münchner Türken – zusammengeschnurrt zu einer Posse, einer Karikatur. Immerhin, die aus Buda und Belgrad Verschleppten haben es in einen richtigen Roman geschafft. Und ausgerechnet Millauer, der bei der Taufe des Anton Achmet zugegen gewesen war, diente der Hauptfigur dieses Romans als Vorbild. Dass aus dem mächtigen Hofkammerrat ein leicht vertrottelter Stadtrat geworden war, lässt sich verschmerzen. Zumindest überdauerte dieser fiktive Millauer als freundliches und mitfühlendes Wesen. Mit den muslimischen

Gästen wusste er zwar nichts Rechtes anzufangen, aber er wollte ihnen auch nichts Böses, kümmerte sich um sie und ließ seinen Sohn gar eine Türkin heiraten – als diese sich zur „wahren" Religion bekannte.

Womöglich schmeichelt ja der falsche dem wahren Millauer. Womöglich zeichnete sich die historische Gestalt durch Härte aus, kommandierte die Sklaven ohne jedes Mitgefühl und interessierte sich ausschließlich für eine umfassende Ausbeutung der Kriegsgefangenen. Indizien dafür gibt es: Allein die Tatsache, das Millauer für Zuchthaus und Fabrik zuständig war, lässt vermuten, dass der Mann nicht gerade als zimperlich und übermäßig großmütig verschrien war. Auch hatte sich Millauer noch 1699 in einem Brief an den Hofrat strikt gegen die Freilassung einer Handvoll gesunder türkischer Zwangsarbeiter geäußert. Wenn diese entlassen würden, so Millauer, würden ihm nur noch die „Bresthaften", also die Kranken bleiben. Mit denen aber könne er nichts anfangen, die seien zu keiner Arbeit mehr brauchbar. Sprach aus diesen Worten nicht allzu deutlich ein kalter und berechnender Geist?[68]

Dass der fürstliche Oberaufseher über die Türken einzig an der effektiven Ausbeutung der ihm anvertrauten Menschen interessiert gewesen wäre, hätte allerdings einer nicht bestätigen können. Der Regierungsrat aus Tempelhof, der 1926 eine Doktorarbeit über das Münchner Zuchthaus verfasst hatte, beschrieb Millauer im Gegenteil als leidenschaftlichen Anwalt und Beschützer der Schwachen. Angetrieben von einem „hohen Idealismus" und „großem Mitgefühl mit dem menschlichen Elend", so notierte der Historiker, habe der Hofkammerrat die Armut der Zuchthäusler bekämpft, indem er ihnen Arbeit und Verdienst verschaffte.[69]

Millauer, beseelt von einem „naiven Optimismus", habe deshalb versucht, die komplette Führung des Zuchthauses (für das bis dato Hofrat und Hofkammer gleichermaßen zuständig gewesen waren) zu übernehmen. Sein Plan, das Zuchthaus in einen großen Wirtschaftsbetrieb zu verwandeln, habe jedoch den Widerstand von „bürgerlichen Geschäftsleuten" hervorgerufen. Als der Vorwurf laut wurde, Millauer habe von der Hofkammer für die Armenpflege bereitgestellte Gelder veruntreut, musste der Beschuldigte den Posten des Direktors räumen. In der Folgezeit habe das Haus zunächst „stagniert" und sei im Laufe der Jahre immer mehr in Verruf gekommen.

Bewies der Hofkammerrat auch bei der Leitung der Fabrik einen „naiven Optimismus", der dann wiederum den Ärger der Münchner Handwerker und Händler hervorrief? War er den Türken in München ein Hüter oder eher ein Quälgeist? Und warum überhaupt diese Fragen? Ein anständiger Millauer hätte den Verschleppten ein einigermaßen erträgliches Schicksal garantieren können – der Masse der Verschleppten und einem ganz besonders. Es wäre gut, urteilen zu dürfen, dass all die Frauen, Kinder und Männer aus Buda, Belgrad oder Babadag in der Christenfestung München eine neue Heimat fanden. Doch so freundlich lässt sich das Schicksal der ersten Münchner Türken nicht beschreiben. Sie gehörten dem Kurfürsten. Als Getaufte mehrten sie seinen Ruhm. Als Sklaven ließen sie sich ausbeuten – oder verkaufen.

Tatsächlich versuchte sich Max Emanuel im Sommer 1687 als Menschenhändler. Anhand der Akten im Kriegsarchiv lässt sich dieses unternehmerische Abenteuer nachzeichnen.[70] Demnach brach im September eine bemerkenswerte militärische Gesandtschaft von München auf. Sie wurde angeführt von einem

Leibwächter des Fürsten und von Johann Balthasar Peck, einem für Proviantfragen zuständigen Beamten des bayerischen Hofes.

Der Trupp sollte 57 gefangene Osmanen nach Buda bringen – einfache Soldaten und Offiziere, die der bayerischen Armee bei der Eroberung der Stadt 1686 in die Hände gefallen waren. Der prominenteste und dementsprechend wertvollste Gefangene war Abdi Aga, der einstige Vizekommandant der türkischen Festungstruppen. Von Buda aus gedachte Peck seine Geschäfte zu organisieren. Abdi Aga sollte unter Bewachung in die osmanische Grenzstadt Esseg reisen und dort sein Lösegeld von mehreren tausend Gulden selbst einfordern. Acht weitere hochrangige Gefangene sollten nach Istanbul aufbrechen, um dort 10 000 Gulden einzusammeln und über eine Freigabe mehrerer Dutzend christlicher Gefangener zu verhandeln. Im Tausch wollte Peck dann jene Osmanen freilassen, die er nach Buda brachte und die im dortigen Festungskerker bis zur Rückkehr der Emissäre als Geiseln ausharren mussten.

Zunächst aber scheiterte das Geschäft. Die Gruppe aus Istanbul kam mit lediglich hundert Gulden zurück, und Abdi Aga hatte die Verhandlungen in Esseg schon bald wegen einer schweren Durchfall-Erkrankung abbrechen müssen. Pecks Mission drohte aber nicht nur wegen erfolgloser Verkaufsgespräche zu scheitern. Das eigentliche Fiasko erlebte der bayerische Emissär in Buda. Einigen Häftlingen war es gelungen, ein Loch in die Kerkermauern zu graben. Als sich insgesamt zehn Gefangene gerade absetzen wollten, wurden sie von einem bayerischen Festungssoldaten überrascht. Die Fliehenden töteten den Mann, sahen sich dann aber neuen Häschern gegenüber. Sieben Osmanen gelang die Flucht, zwei wurden getötet, einer lebend geschnappt. Die verbliebenen Gefangenen ließ Peck auspeitschen.

Vom Münchner Hof bedrängt, der Ergebnisse sehen wollte, führte Peck die Ranzions-Verhandlungen nun persönlich. Das Lösegeld forderte er von dem türkischen Kommandeur, der nach dem Fall von Buda für den verbliebenen osmanischen Distrikt zuständig war. Doch der diplomatische Kanal schien, kaum genutzt, schon wieder zusammenzubrechen. Der Kommandeur sah seine Festung seit Monaten einer Belagerung durch ungarische Truppen ausgesetzt. Gerade, als die Bayern vorstellig wurden und mehrere tausend Goldgulden erpressen wollten, hatte die türkische Armee die Kapitulationsbedingungen akzeptiert – und setzte sich mit tausend Soldaten in Richtung Belgrad ab. Sollte sich die Zivilbevölkerung der aufgegebenen Stadt Székesfehérvár doch um das exorbitant hohe Lösegeld bemühen.

Tatsächlich schickten die türkischen Bürger der Stadt einen Gesandten zu Süleyman, dem Pascha von Belgrad. Der entschied, dass zwei tributpflichtige Städte im eigentlich von Christen dominierten Teil Ungarns – Kecskemét und Nagykörös – die von den Bayern geforderte *Ranzion* aufzubringen hätten. Zwei Kaufleute dieser Städte, die sich gerade zufällig in Belgrad aufhielten, ließ Süleyman inhaftieren und erpresste von deren Geschäftspartnern 2500 Gulden. Den Städten teilte der Pascha gnädigst mit, er betrachte diese Summe als Pfand. Wenn die Bürgerschaften die osmanischen Geiseln aus der bayerischen Haft freigekauft und nach Belgrad gebracht hätten, werde er dieses Pfand zurück- und seine Geiseln freigeben.

Die Einwohner von Kecskemét und Nagykörös wehrten sich. Den bayerischen Gesandten Peck ließen sie wissen, gemäß kaiserlicher Order sollten sie keine größeren Zahlungen an die Osmanen leisten. Wenn nun ein derart exorbitantes Lösegeld verlangt werde, müsse der Kaiser ihnen für den Tribut an Belgrad eine Entschädigung zusichern. Peck antwortete freundlich und kalt. Zum einen seien sie als Christen verpflichtet, ihre beiden Mitbürger möglichst rasch aus der Gewalt der „grausamen" Muslime zu befreien. Zum anderen könne sich das Kriegsglück schon bald gegen die Kaiserlichen wenden. Wenn dann osmanische Truppen in ihre Städte einrückten, müssten sie mit der Rache Süleymans rechnen, der sicher nicht vergessen werde, dass sie sich nicht ausreichend für die Freilassung des einstigen Vizekommandanten von Buda eingesetzt hätten. Und noch etwas ließ Peck anklingen: Auch der bayerische Kurfürst könne sich entschließen, gegen die störrischen Gemeinden vorzugehen.

Die beiden Städte gaben nach. Was hätten sie auch sonst tun sollen? Sie zählten trotz mannigfacher Zumutungen zu den reichen Gemeinden in der Region von Buda. Zwar befanden sie sich in der christlichen, also in der vom Joch des Sultans befreiten Zone. Aber was hieß schon befreit? Der Pascha von Belgrad betrachtete sie nach wie vor als seinem Einflussbereich zugehörig, und die Hofkammer in Wien verlangte gewaltige Summen für die Finanzierung des Krieges, so wie auch der Heerführer der kaiserlichen Truppen Kontributionen von den beiden Bürgerschaften erpresste.

Kecskemét und Nagykörös sahen sich zwischen allen Stühlen. Wollten sie das überstehen, mussten sie sich fügen. Also erklärten sie sich zur Zahlung von 2000 Gulden bereit – für ihre Kaufleute in Belgrad und für den osmanischen Offizier Abdi Aga. Die Bayern hatten schnell gelernt. Wer sie aus welchen Gründen für ihren wichtigsten Gefangenen bezahlte, spielte keine Rolle. Sie hatten eine Ware anzubieten und waren mit jedem Kunden einverstanden. Dass sich Christen von Christen einen Muslim abkaufen ließen – darüber werden sich wohl noch nicht mal die ungarischen Bürger empört haben. Sie zahlten und hofften, dass die Menschenhändler aus München möglichst bald wieder verschwanden – mit den regelmäßigen Drohungen und Erpressungen von Osmanen und Habsburgern hatten sie genug zu schaffen.

Tatsächlich blieb es für Max Emanuel bei diesem einen Ranzions-Geschäft. Die Expedition nach Buda muss in dieser Hinsicht ernüchternd gewirkt haben. Beinahe neun Monate war der Konvoi unterwegs gewesen. An das Geld war man nur mit erheblichen Mühen und dank der tatkräftigen Unterstützung des feindlichen Paschas gekommen. Um in diesem Gewerbe wirklich mitzumischen – dies werden sich die Bayern eingestanden haben –, hätten sie einen enormen Aufwand betreiben müssen. München lag einfach zu weit ab vom eigentlichen Markt.

Wegen der großen Entfernung zur osmanischen Grenze kam das damals übliche und für den jeweiligen Menschenhändler billige Verfahren – die Versklavten nämlich allein und in eigener Sache auf Lösegeldsuche zu schicken – nicht infrage. Trupps mit mehreren Dutzend Gefangenen auszurüsten, auf die Reise zu schicken und in einem so unsicheren Land wie Ungarn zu versorgen und zu bewachen, bedeutete ein quasi unkalkulierbares Risiko. Der Kurfürst liebte zwar das Vabanque, doch in diesem Spiel fehlte seinem Blatt jeglicher Trumpf. Mit „normalen" Gefangenen – einfachen Soldaten und niederen Offizieren – war für die Bayern kein Geld zu machen. Einzig der Vize-Kommandant von Ofen hatte die Osmanen interessiert – und einen zweiten, ähnlich prominenten Gefangenen hatten die Bayern nicht mehr im Angebot. Mit Pecks kostspieliger, gefährlicher und zeitraubender Operation war für Max Emanuel das Kapitel Menschenhandel erledigt.

Die 38 Türken, die unter der Führung Pecks im Sommer 1688 aus Buda zurückkehrten, konnten auf eine baldige Wende ihres Schicksals nicht mehr hoffen. Zum zweiten Mal waren sie nun nach München verschleppt worden, diesmal als Sklaven, die keinen Marktwert besaßen. Sie kamen irgendwann in den letzten Junitagen in der Residenzstadt an. Um den abgerissenen Haufen, von einem Wachkommando wahrscheinlich sofort wieder zur *fabrica* in die Au verfrachtet, wird man kein großes Aufheben gemacht haben.

Mahomet bei den Maultieren

Wenige Monate zuvor hatte Anton Achmet seinem Leben ein neues Fundament gegeben. Am 12. Januar 1688 heiratete er in der Pfarrkirche St. Peter. Seine Frau Kunigunde Ertman stammte aus dem Ort Stainach im Land ob der Enns – dem heutigen Oberösterreich. Der Messerschmied Hans Ertman übernahm die Aufgabe des Trauzeugen, zusammen mit dem Hochzeitslader Philipp Jakob Keith. Konrad Kirchmayr vollzog die Trauung, eben jener Geistliche, der den Bräutigam vier Jahr zuvor im Zuchthaus getauft hatte.[71]

Wie lebten Anton Achmet und Maria Kundigunde Achmetin? Was bedeuteten sie einander? War sie es, die ihren Gatten mit den Regeln vertraut machte, die es in einer katholischen Stadt zu beachten galt? Erzählte er ihr vom Sultan – dem sagenhaften Herrscher Mehmet IV., den er wenige Jahre zuvor als

König aller Könige zu verehren hatte, und den die Menschen, deren Leben und Glauben er nun teilte, als Erzfeind fürchteten und verfluchten? Vielleicht ließ er sich von den Fragen seiner Gattin bedrängen. Er sollte vom Gold in Istanbul erzählen, von den furchtlosen Janitscharen, den Raubzügen der Tataren, der Grausamkeit des Großwesirs. Womöglich fühlte sich Achmet gar geschmeichelt und schmückte seine Berichte aus.

Über solcherlei Gespräche, die ein nach Bayern verschleppter Türke vor über dreihundert Jahren geführt haben könnte, lässt sich freilich nichts mitteilen. Sein Leben bleibt beinahe vollkommen verschlossen. Licht fällt nur auf wenige Szenen. Schemenhaft ist ein Bauernsohn in Babadag zu erkennen, ein Krieger im Heer des Großwesirs und der Gefangene im Münchner Zuchthaus – während des Verhörs, beim Verfassen des Briefes, in der Kapelle bei seiner Taufe. In diesen flüchtigen Momenten scheint Achmet so nah, dass man glauben will, sein Blick und seine Stimme könnten den Schleier der Zeiten zumindest einmal durchdringen. Immerhin, Spuren lassen sich erkennen. Die kirchlichen Buchhalter, die eigentlich bemüht waren, die von ihnen protokollierten Schicksale von jeglichen weltlichen Anhaftungen zu befreien, hatten nicht sämtliche biografischen Brosamen aus dem Matrikeleintrag über Anton Achmet entfernt. Der Bräutigam, so steht dort, arbeite als Eselknecht im „Hofstall".

Der Stall der bayerischen Herrscher, eine wuchtige Anlage, erbaut von Herzog Albrecht V. im Jahr 1565, steht zwischen der ersten Münchner Residenz, dem „Alten Hof", und der heutigen Maximilianstraße. Das Erdgeschoss bot einst Platz für Stallungen, im ersten Stock wurden Sättel und andere Gerätschaften gelagert – die höheren Räume im zweiten Stock nutzte Albrecht V. als Galerie für Skulpturen, Gemälde oder exotische Artefakte wie ausgestopfte Tiere oder Elefantenzähne. Mit seiner geradezu manischen Sammelleidenschaft brachte der Herzog Bayern zwar an den Rand des Bankrotts, München jedoch erhob er zur Stadt der Künste. Sein Magazin im Hofstall verwahrte den Grundbestand für das erste Museum auf deutschem Boden – das Antiquarium in der Residenz. Zu Beginn des 19. Jahrhunderts zog das staatliche Münzamt in die früheren Stallungen, inzwischen arbeitet das Landesamt für Denkmalpflege in dem prachtvollen Renaissance-Gebäude.

Wenn sich Achmet im Marstall verdingte, dann gehörte der osmanische Einwanderer zum Hofstaat des bayerischen Herrschers. Er arbeitete für ihn und er besaß dementsprechend Anspruch auf Lohn. Gegen den Verdienst eines Rates, Kanzlisten, Trabantenmeisters, eines Kammerdieners, Edelknaben, Lakaien, Arztes, Apothekers oder Gondoliere mochte der Sold des Stallknechts Anton Achmet geradezu jämmerlich gering erscheinen, ein Sold aber war es dennoch – und als solcher zählte er zu den staatlichen Ausgaben, die Jahr für Jahr von der Finanzbehörde des Landes, dem Hofzahlamt, zu dokumentieren waren.

Wer die kurbayerischen Soldbücher studieren will, macht sich von der alten Karmeliterkirche auf den Weg Richtung Schwabing. Er überquert den Promenadeplatz, geht vorbei am Eingang des Hotels Bayerischer Hof. Auf dem Weg mag der Suchende darüber nachdenken, was er denn eigentlich zu finden hofft. Ein paar Namen und Zahlen ergeben bislang ein Puzzle, das nur aus fehlenden Teilen zu bestehen scheint.

Biegt man vom Promenadeplatz nach links in die Kardinal-Faulhaber-Straße ab, führt der Weg auf die Salvatorkirche zu. Einst hatte der gotische Ziegelbau als Friedhofskapelle der Frauenkirche gedient, seit bald zweihundert Jahren gehört die Kirche der griechisch-orthodoxen Gemeinde Münchens. Auf dem früheren Gräberfeld von St. Salvator steht heute das Literaturhaus. Eine Bronzetafel an der Ostmauer der Kirche, gegenüber dem Literaturhaus, nennt einige Tote des verschwundenen Gottesackers. Der Maler Hans Mielich wird aufgeführt, der Erzgießer Martin Frey, der Hofkonzertmeister Evarist Dall'Abaco, der im Jahr 1742 verstarb. Beinahe vierzig Jahre zuvor war der Veroneser Musiker an den Hof des Kurfürsten Max Emanuel gelangt. Auch er war ein Einwanderer, kein versklavter – ein Einwanderer aber dennoch. Ob sich der Sänftenknecht und der Kammermusiker kannten?

Mit den anderen Toten von St. Salvator, so kündet die Bronzetafel, ruhe Dall'Abaco dort „ohne Klag". Am Jüngsten Tag werde Christus ihr Grab entdecken und sie „zum ewigen Leben erwecken". Der Hoffnung, der Erlöser werde den Ort der Bestattung schon finden, war auf jener Tafel von 1935 sicher bewusst Ausdruck verliehen worden: Der Friedhof existierte nämlich zu diesem Zeitpunkt nicht mehr. Die Gräber von St. Salvator, darauf beharrt die Bronzetafel, mögen unsichtbar sein – aber sie sind gegenwärtig.

Vielleicht ist damit auch das Geheimnis von Anton Achmet beschrieben. Zu tun, als habe man die hauchfeinen Abdrücke seines Daseins nicht wahrgenommen, erscheint unmöglich. Die Gestalt, aus den Matrikeleinträgen erst mal entlassen, verdichtet sich zu einer drängenden Leibhaftigkeit. Keine weiteren Einzelheiten vom Schicksal des muslimischen Christen zu kennen, beunruhigt. So wie es beunruhigt, sich des Lebenswegs eines Bekannten oder Verwandten nur noch lückenhaft zu entsinnen. Es ist, als erinnere man sich an Anton Achmet. Und es irritiert, dass die Erinnerung nicht mehr über ihn preisgibt. Man muss sich konzentrieren, genauer hinsehen.

Wenn sich die bayerische Geschichte für eine Wohnung entscheiden müsste, dann wohl am ehesten für das klassizistische Gebäude in der Schönfeldstraße – das einstige königlich bayerische Kriegsministerium und heutiger Sitz des Bayerischen Hauptstaatsarchivs. Im Repertorienzimmer, links neben dem Eingang, sind die gesuchten Soldbücher mit ihren jeweiligen Signaturen in einem schmalen Findbuch aufgelistet. Die fünf Bestellzettel mit jeweils fünf Signaturen (mehr sollte man an einem Tag nicht anfordern) sieht sich der Aushber kurz an, erkennt, dass die gewünschten Dokumente noch nicht verfilmt sind, und verschwindet im Magazin. Etwa eine halbe Stunde später geben die Soldbücher im Lesesaal, im ersten Stock des Archivs, ihr Wissen über Anton Achmet preis.

Erstmals erfassten ihn die Hofzahlamtsschreiber für das Jahr 1688. Auf Seite 158 des Soldbuchs geht es nicht um den Empfang eines Sakraments, um die Errettung der Seele oder um das ewige Leben. Die Zeilen berichten vom Alltag des Zugewanderten, seinem Fortkommen im Diesseits. Der Mann, so steht es dort, sei ein „gewester Türkh, anjetzt aber ein Christ". Gemäß einem Befehl vom 1. Januar 1688 sei er im Hofstall als Maultierknecht angestellt („angeschafft") worden.

Es wird kein Zufall gewesen sein, dass Achmet den Posten wenige Tage vor seiner Hochzeit antrat. Als Ehemann benötigte er ein festes Einkommen. Also wird ihm sein Pate, der Kurfürst, diese Stelle verschafft haben. Sein Lohn im Hofstall betrug pro Vierteljahr 19 Gulden, im ganzen Jahr demnach 76 Gulden. Die wenigen Wörter und Ziffern halten etliche Neuigkeiten parat, die entscheidende Nachricht jedoch ist der Name, den der neue Mitarbeiter laut Besoldungsbuch führte: „Anthoni Machomet".[72]

Vier Jahre zuvor war er als „Achmet" getauft worden. Wenn der Schreiber des Hofzahlamts ihn Machomet nannte, dann wird der neue Knecht auch von seinen Kameraden und Vorgesetzten im Hofstall mit diesem Namen gerufen worden sein. Wohlgemerkt, der „geweste Türkh" nahm seinen Dienst im Jahr 1688 auf. Zu diesem Zeitpunkt war er kein kranker Gefangener mehr, der kein Wort Bayerisch sprach und dem es gleichgültig sein konnte, wie irgendein Soldat, Geistlicher oder Hofbediensteter seinen Namen aufschrieb. Er wird im Hofstall nach seinem Namen gefragt worden sein. Und er wird geantwortet haben: Machomet.

Erst mit diesem im Soldbuch vermerkten Namen lässt sich die Herkunft des Konvertiten Anton Achmet klären, erst mithilfe dieses Namens lässt er sich von dem anderen nach München verschleppten Achmet unterscheiden. Achmet/Machomet war offenbar identisch mit jenem osmanischen Gefangenen, der im Sommer 1684 im Münchner Zuchthaus ein Bittschreiben nach Belgrad verfasst hatte. Der gefangene türkische Soldat hatte sich als Machmud von der 4. Hauptdivision zu erkennen gegeben. Wenn aber Achmet/Machomet vor seiner Gefangennahme der osmanische Krieger Mahmud gewesen war, dann kann es sich bei ihm nur um den Mann aus Babadag gehandelt haben, der ja im Verhör berichtet hatte, er habe sich beim Feldzug gegen Wien den Janitscharen angeschlossen.

Zu behaupten allerdings, Machomet sei der richtige und Achmet der falsche Name des getauften Osmanen gewesen, hieße, in eine selbstgebaute Falle zu tappen. Die Kategorien richtig und falsch stammen von heutigen Betrachtern, die nach Klarheit und Eindeutigkeit gieren. Für einen verschleppten Muslim, der sich im katholischen Bayern des 17. Jahrhunderts als Christ zu bewähren hatte, spielte die Frage nach dem richtigen oder falschen Namen mit ziemlicher Wahrscheinlichkeit eine eher untergeordnete Rolle.

Der Mann hatte sich zum Glaubenswechsel entschlossen und damit für ein neues Leben und eine neue Identität. Wenn ihm irgendein Teil seines Namens wichtig gewesen sein sollte, dann sicher der Taufname Anton. Mit jenem Namen verbanden die Kirche, die Menschen um ihn und wohl auch er selbst sein neues Wesen als Kind des „allein selig machenden Glaubens" und als Mitglied der bayerischen Bevölkerung. Und selbst der Rufnamen, der hör- und nachlesbare Ausweis seiner recht prekären Existenz, war Wandlungen unterworfen. Der Zuwanderer, der mal Anton hieß, mal Antonius oder Anthoni, wird sich also über die Aussprache oder Niederschrift seines Nachnamens keine großen Gedanken gemacht haben. Für ihn und für jene, die mit ihm zu tun hatten, zählte nur, dass der jeweilige Name den gewesenen Türken und jetzigen Christen eindeutig identifizierte. Solange dies der Fall war, fragte offenbar niemand, ob nun Achmet, Achamet, Machomet oder Machmet als richtiger Name zu bevorzugen war.

Mit seiner Tätigkeit im Hofstall als Maultierknecht beendete Anton Achmet seine bisherige Aufgabe als Sänftenträger. Just in diesem Jahr aber, 1688, begann die große Zeit der türkischen Sesselträger in München. Eine Gruppe osmanischer Gefangener war von nun an für mehrere Mietsänften verantwortlich. Die bereits erwähnte Ordnung der Münchner Träger von 1688 listet in dreißig Paragrafen die wichtigsten Verhaltensregeln für diese Berufsgruppe auf. Der Pflichtenkatalog richtete sich an den „Sesselmeister", der die Aufsicht über die türkischen Träger führte und für das Funktionieren dieses Gewerbes verantwortlich war. So hatte der Meister den Trägern Unterkunft und Kost zu geben, er musste auf ihre Zuverlässigkeit achten, nach Verfehlungen hatte er sie zu bestrafen. Auch die Funktionstüchtigkeit und Sauberkeit der Sänften hatte er stets zu gewährleisten. Die Verordnung nennt den Namen des Sesselmeisters: Christoph Wegerle.[73]

Der Korporal aus Braunau hatte sich demnach als Dolmetscher bewährt. Wegerle, der im Januar 1684 die ersten osmanischen Kriegsgefangenen im Zuchthaus befragt hatte, führte vier Jahre später die Aufsicht über Münchens muslimische Sesselträger. Die Ordnung der Träger bewahrt also den Namen und Beruf eines Mannes, dessen Schicksal mit demjenigen von Anton Achmet verwoben war. Der Pflichtenkatalog birgt noch eine weitere wichtige Fährte. Dort heißt es nämlich, der Sesselmeister habe sich stets an dem zentralen Warteplatz der Mietsänften aufzuhalten, vor der Ratstrinkstube, dem Eckhaus vom Marktplatz zur Dienergasse. Dass die Mietsänften in den Gewölben der Trinkstube lagerten und dass die Träger direkt vor dem Gebäude auf ihre Kundschaft warteten, war sicher kein Zufall. Die Trinkstube nämlich war viel mehr als eine normale Wirtschaft, dort trafen sich die Würdenträger der Stadt, der Landstände und des Hofes.

Türkische Sänftenträger auf dem Münchner Markt;
Ausschnitt eines Bildes von Michael Wening (siehe S. 16/17).
Im Vordergrund sind die Sesselträger und wohl ein Aufseher zu erkennen.
An der Ecke steht die Ratstrinkstube, das große Gebäude links
ist das Landschaftshaus. Kupferstich, um 1700

Es lohnt sich, noch einmal den Münchner Markt zu betrachten, so wie ihn Michael Wening in Kupfer gestochen hat. Tatsächlich platzierte Wening seine beiden Sänftenträger am historisch korrekten Ort – genau vor der Trinkstube, dem Eckhaus mit dem mächtigen Pultdach und dem reich verzierten Erker. Der feine Herr neben der Sänfte auf Wenings Stich scheint den Trägern mit einem Stock oder Degen Anweisungen zu geben. Wer aber hatte den osmanischen Knechten in Wirklichkeit zu befehlen? Es gab nur einen. Und dieser Mann, der Einzige im Übrigen, der die Sprache der Träger verstand, war kein anderer als der Sesselmeister Christoph Wegerle.

Die Abenteuer des Dolmetschers

Das Gemälde hängt im Obergeschoss von Schloss Schleißheim, in jenem Raum, der dem Feldherrn Max Emanuel gewidmet ist, im Viktoriensaal. Neun große Schlachtenbilder verherrlichen dort die wichtigsten Siege des Blauen Kurfürsten gegen die Türken. In den Wandschränken hingen einst osmanische Waffen und Fahnen. Eine triumphierende, beinahe hochmütige Stimmung müsste jeden Besucher des Saales sogleich gefangen nehmen, wäre da nicht dieses eine Bild, das den Blick auf eine ruhige, geradezu entspannte Szene freigibt. Dem Ölgemälde – 376 Zentimeter hoch und 250 Zentimeter breit – bleibt die zentrale Stelle des Raumes vorbehalten. Sind die Türen zwischen dem Viktorien- und dem angrenzenden Weißen Saal geöffnet, sieht man durch beide Räume hindurch einzig auf dieses Bild.

Als der italienische Maler Jacopo Amigoni es im Jahre

1723 für den Kurfürsten schuf, hatte der 61-jährige Herrscher längst lernen müssen, dass die Zeiten der Glorie und der Siege vorüber waren. Das Bild sollte an einen Tag erinnern, als die Rüstungen abgelegt und die Niedergemetzelten bereits verscharrt oder verbrannt waren. Dieser Tag lag damals bereits 35 Jahre zurück. An jenem 8. September 1688, zwei Tage nach der Eroberung der Festung Belgrad, hatte Max Emanuel in seinem Zelt eine osmanische Gesandtschaft empfangen, die für den gerade inthronisierten Sultan Süleyman II. erkunden sollte, ob und unter welchen Bedingungen der christliche Kaiser zu einem Frieden zu bewegen sei. Auch wenn die eigentlichen Verhandlungen viel später in Wien stattfanden und letzten Endes scheiterten, so markierte der Besuch der osmanischen Unterhändler dennoch einen nie mehr erreichten Gipfelpunkt in der Karriere des ehrgeizigen Wittelsbachers. Denn nur damals vor Belgrad agierte Max Emanuel als alleiniger kaiserlicher Heerführer und nur an jenem 8. September 1688 durfte er im Namen des höchsten christlichen Herrschers die Boten des absoluten muslimischen Monarchen empfangen. An jenem Tag vertrat Max Emanuel das gesamte Heilige Römische Reich Deutscher Nation.

Diesen Augenblick (angeblich) großer politischer Macht sollte das zentrale Bild des Viktoriensaals aufnehmen und verewigen. Die Überhöhung gestaltete Amigoni in der üblichen barocken Manier. Auf einer Wolke beobachten zwei leicht bekleidete Engelswesen das Geschehen – die etwas schüchterne Friedens-Frau mit Ölzweig wird von einer forschen, barbu-

Max Emanuel empfängt eine türkische Gesandtschaft; das Bild von Jacopo Amigoni zeigt den Kurfürsten nach der Eroberung Belgrads 1688 als kaiserlichen Chefdiplomaten – nicht aber den bayerischen Dolmetscher Lucas Michaelowitz, der bei den Verhandlungen zugegen war. Öl auf Leinwand, 1723

sigen Ruhmes-Künderin verdrängt, die mit dem Lorbeerkranz winkt und mit ihrer Posaune in die Richtung des siegreichen Feldherrn deutet.

Die eigentliche Szene jedoch gestaltete der Maler trotz aller symbolischen Aufladung betont authentisch. In der rechten Bildhälfte, aus dem Osten, erscheinen die osmanischen Gesandten. Der Chef-Unterhändler Zülfikar Efendi und der Pfortendolmetscher Alexandros Mavrokordatos sitzen auf Kissen. Hinter ihnen stehen sechs orientalische Begleiter. Die linke Bildhälfte, der Westen, gehört den Bayern. Auf einem Sessel thront Max Emanuel, hinter ihm sind fünf Vertraute zu erkennen. Das Gespräch lässt der Maler auf freiem Feld stattfinden, ein Spalt zwischen den beiden Gruppen gibt den Blick auf die Schemen der eroberten Festung Belgrad frei.

Die Osmanen blicken die Bayern an, diese jedoch richten ihre Augen auf den Betrachter – sie schauen in den imaginären Kreis des jeweiligen Publikums. Während die Türken in dem historischen Geschehen gefangen bleiben, scheinen die Christen im Kontakt mit der Gegenwart. Sie sollen präsent wirken, der Vergangenheit und damit der Vergänglichkeit enthoben. Aufreizend gelassen blickt Max Emanuel aus dem Bild. Er trägt einen dunklen Uniformrock, darüber einen blauen Mantel – als *mavi kral*, den „Blauen Kurfürsten" hatten ihn die Türken gefürchtet. In der angewinkelten Rechten ist der Kommandostab zu erkennen. Der junge Herrscher trägt unter dem breitkrempigen Hut keine Perücke. Die Oberlippe ziert ein Bart.

Die Begleiter hinter ihm sind deutlich älter. Deren Gesichter unter den Perücken lassen sich historischen Personen, bayerischen Würdenträgern, zuordnen. Auch wenn die Szenerie durch die beinahe unhöfliche Pose der bayerischen Gesandtschaft, die sich um die Gesprächspartner überhaupt nicht kümmert, inszeniert und unwirklich erscheint, so vermittelt sie dennoch gerade in ihrer Verdichtung und Intimität den Eindruck einer wahren Begebenheit. So trug es sich zu, so ist es tatsächlich gewesen – dies wollte der Künstler Amigoni trotz der mythischen Strahlen und allegorischen Wolkenwesen betonen.

Und war es nicht so gewesen? Brachte nicht gerade die Glorifizierung dieses außerordentlichen (und dann doch bedeutungslosen) Treffens im Schatten der eroberten (und schon bald wieder verlorenen) Festung Belgrad das Wesen jenes Mannes auf die Leinwand, der sich berufen fühlte, mit den Mächtigsten der Welt um Ruhm und Einfluss zu spielen – und der nie einsehen wollte, dass er für die wirklichen Spieler in Wien, Paris, London, Madrid und Istanbul ein allenfalls nur zeitweise beachteter, aber letzten Endes doch bedeutungsloser Mitbewerber war? Ja, beruht die eigentliche Würde jenes durch den Maler der Zeit enthobenen historischen Augenblicks nicht gerade auf seiner Vergeblichkeit?

Aber nicht nur die Hybris des Kurfürsten gehört zur Botschaft dieses Gemäldes, sondern auch seine Ritterlichkeit, seine Bereitschaft, den Gegner mit Anstand zu behandeln. Die muslimische Delegation jedenfalls wird in keiner Weise optisch diskreditiert. Die Männer wirken erfahren und besonnen – ein wenig wie die Weisen aus dem Morgenland. Beeindruckend ist insbesondere die Gestalt des Dolmetschers, wie er mit seinen feingliedrigen Händen arbeitet, als zöge er an Fäden zwischen seinem Herrn und dem bayerischen Herrscher. Sein Blick sucht die Regungen im Gesicht von Max Emanuel zu erfassen und sein linkes Ohr konzentriert sich auf die Worte des Zülfikar Efendi.

Der Dolmetscher streckt seine rechte Hand so weit nach

vorn, dass sie den Spalt zwischen den Christen und Muslimen beinahe überbrückt. Die vorfühlenden Finger des Übersetzers deuten auf eine mögliche Annäherung zwischen den Kriegsparteien hin, eine Annäherung, die elf Jahre nach dem Treffen von Belgrad, 1699, in den Friedensvertrag von Karlowitz münden sollte. Als er die historische Szene für Schleißheim malte, wusste Amigoni selbstverständlich vom Ausgang der Türkenkriege – und er wusste auch, dass in Karlowitz die Rolle des osmanischen Unterhändlers eben jener Alexandros Mavrocordatos übernommen hatte, der 1688 bei Belgrad als Dolmetscher agiert hatte.

Mavrocordatos war eine der zentralen, wenn nicht sogar die wichtigste Gestalt der osmanischen Außenpolitik im ausgehenden 17. Jahrhundert.[74] Und er war ein Grenzgänger. Als Mitglied der reichen und einflussreichen griechischen Gemeinde in Istanbul, der Fanarioten, hatte er in Italien Philosophie und Medizin studiert. Den begehrten, lukrativen und höchst gefährlichen Posten des obersten Dragomans der Hohen Pforte errang der ehrgeizige und polyglotte Gelehrte bereits Jahre vor dem Angriff auf Wien. 1683 begleitete Mavrocordatos dann den Heerzug gegen die Kaiserresidenz als Berater, Übersetzer und Arzt des Großwesirs Kara Mustafa. Nach der Niederlage vom 12. September fiel er beim Sultan in Ungnade. Acht Monate verbrachte er im Kerker. Doch er kam – durch welche phantastischen Tricks und Winkelzüge auch immer – in Freiheit und zurück ins Amt des Diwan-Dolmetschers.

In den folgenden Jahren errang der Christ im Auftrag des obersten Muslims märchenhaften Reichtum und Ruhm. Nicht nur der Sultan beschenkte ihn mit Titeln und Ländereien, auch der Kaiser ehrte den osmanischen Diplomaten mit der Fürstenwürde. Schließlich erhielt Mavrocordatos die Herrschaft über die Walachei, die er sogar seinem Sohn vererben konnte.

Als der Pfortendolmetscher 1688 vor Belgrad mit dem bayerischen Herrscher parlierte, wird er sich daran erinnert haben, dass er dem so draufgängerischen christlichen Heerführer schon einmal gefährlich nahe gekommen war. 1683 erlebte Mavrocordatos, stets in der Nähe des Großwesirs, die Schlacht um Wien mit. In seinem Tagebuch schilderte er nüchtern und detailliert, wie die kaiserlichen Truppen langsam und unaufhaltsam vorrückten, wie einzelne Truppenteile des osmanischen Heeres die Flucht ergriffen, wie schließlich der Großwesir mit seinen Gardisten vergeblich versuchte, das Lager zu halten, nur um schließlich doch, im letzten Moment, mit der heiligen Fahne zu fliehen. Kurz danach stürmten bayerische Truppen in das aufgegebene Heerlager der Osmanen. Vielleicht fehlten nur wenige Minuten und die Flucht des Großwesirs wäre misslungen, er wäre mit seinem Dolmetscher gefangen genommen und von Max Emanuel als kostbare Kriegsbeute nach München gebracht worden. Nur wenige Minuten und Mavrocordatos wäre zum Sklaven jenes Feldherrn geworden, mit dem er dann tatsächlich fünf Jahre später freundlich, entspannt und respektvoll verhandelte.

Nun, ganz so war es nicht. Der Dolmetscher und der Kurfürst saßen sich zwar am 8. September 1688 in einem Zelt bei Belgrad wirklich gegenüber, aber sie unterhielten sich nicht. Max Emanuel sprach mit Zülfikar Efendi, dem Leiter der osmanischen Delegation. Mavrocordatos vermittelte nur, er übersetzte das Gespräch. Übersetzte er auch für den bayerischen Feldherrn? Das Bild von Jacopo Amigoni zumindest vermittelt diesen Eindruck. Und doch konnte sich das Geschehen so nicht abgespielt haben. Niemals hätte sich der Fürst und Oberbefehlshaber der kaiserlichen Truppen die Blöße gegeben, bei einer so prestigeträchtigen Zusammenkunft ohne eigenen Dolmetscher zu erscheinen.

Max Emanuel beschäftigte an diesem Tag tatsächlich einen eigenen Dolmetscher, und zwar niemand anderen als Lucas Michaelowitz. Dass es diese wundersam-traurige Gestalt 35 Jahre nach dem Treffen von Belgrad nicht auf das Gemälde des Jacopo Amigoni schaffen sollte, erzählt schon einiges – vielleicht sogar das Wichtigste – über dessen phantastisches Leben. Dabei hatte Michaelowitz die Eroberung Belgrads an der Seite des Kurfürsten miterlebt und erlitten. Beim Sturm auf die Stadt wurde er von einem Pfeil in die linke Wange getroffen. Sehr viel später, in einem Bittschreiben an die Hofkammer, betont Michaelowitz, der wie so viele andere Angestellte des Fürsten verzweifelt und vergebens um zugesagte Honorare betteln musste, dass er die Belgrader Verwundung durch seine Narbe und durch den aufbewahrten Pfeil beweisen könne. Obgleich er übel „blessiert" gewesen sei, daran erinnert er in dem selbigen Brief, habe er damals bei der Audienz der türkischen Gesandtschaft in „Beisein aller Fürsten und Generalspersonen tolmatschen müssen".[75]

Ein Wunsch des Dolmetschers erfüllte sich jedenfalls. Er nahm jenes Mädchen, das ihm zwei Jahre zuvor unter den Gefangenen von Buda aufgefallen war, schließlich zur Frau. Die Hochzeit fand laut Matrikelbuch der Münchner Frauenkirche am 15. Januar 1690 statt.[76] Der „Dulmetsch" der Kurfürstlichen Durchlaucht in Bayern, der ledige „Lukas Michaeluig", heiratete die „Jungfrau" Maria Anna Josepha Fatma (nach der Taufe war Fatma zum Familiennamen der Neu-Christin geworden). Als Trauzeugen traten ein Hofgerichtsadvokat und ein Mitglied des Rates auf – demnach besaß der Dolmetscher durchaus Kontakte in die oberen Gesellschaftsschichten der Stadt. Dies belegt auch die Taufe des ersten Kindes, die am 20. Dezember 1690, ebenfalls in der Pfarrkirche Zu Unserer Lieben Frau, gefeiert wurde.[77]

Der Junge, Maximilian Emanuel, erhielt den Landesherrn selbst zum Paten, der sich von dem Fürstlichen Rat Anton Franz Pistorini vertreten ließ. Noch zwei Söhne sollten den Eheleuten Michaelowitz geboren werden – Joseph Emanuel Christian am 16. Dezember 1692 und Franz von Paula Anton am 3. April 1694. Auch deren Taufen fanden im Gotteshaus des Hofes, in der Frauenkirche, statt.[78] Und auch bei diesen Taufen übernahm Pistorini die Patenschaft. Dass es sich bei diesem Ratsmitglied um den fürstlichen Schatzmeister handelte, klingt beinahe nach tragischer Ironie. Ging es doch im Alltag des Dolmetschers immer ums Geld – dessen Fehlen er gegenüber seinem Herrn über Jahre wortreich zu beklagen pflegte.

600 Gulden hatte ihm der Kurfürst als Hochzeitsgeschenk versprochen und außerdem sollte sein Jahressalär von 200 auf 224 Gulden erhöht werden. Michaelowitz rechnete der Hofkammer auch immer wieder vor, was er bei den verschiedenen Feldzügen alles verloren hatte. Pferde waren ihm erschossen worden, erbeutete Akten hatte er ohne jeglichen Lohn abgegeben, bei Paraden des Fürsten hatte er sich und sein Pferd auf eigene Kosten prachtvoll zu schmücken.[79]

Die so flehentlich erbetenen Gulden bekam er wohl nie. Was ihm blieb, waren die freundlichen Atteste aller möglichen Offiziere, die ihm Courage und Loyalität während seiner Zeit im bayerischen Heer bestätigten. Doch mit den Zeugnissen allein konnte Michaelowitz seine Familie nicht ernähren. Er kämpfte um eine Festanstellung – und er wusste, dass die Zeit gegen ihn arbeitete. Der bayerische Kurfürst hatte längst das Interesse an den Türken verloren. Max Emanuel blickte nach Madrid. Später richtete der bayerische Herrscher sein Augenmerk auf Paris, gedachte er doch mit dem Bourbonen-König gegen den Kaiser zu kämpfen. Mit dem Orient verband Max Emanuel nur noch ruhmvolle Erinnerungen – einen Dolmetscher der „orientalischen Sprachen" benötigte er längst nicht mehr.

Die Sänfte der Fürstin

Sie steht im Schloss Nymphenburg, in einer Nische im ersten Stock des linken Flügels. Das Sonnenlicht, so prophezeit Rudolf Wackernackel, werde auf Dauer ihre Haut aus Leinwand, Samt, Gold- und Silberstickereien zerstören. Zu erhalten wäre sie nur, wenn sie unter einer Decke verborgen bliebe. Aber sie habe sich nun mal in eine museale Kostbarkeit verwandelt, und als solche müsse sie sichtbar bleiben – auch wenn dies ihren Zerfall beschleunige. Wackernagel, der frühere Oberkonservator des Bayerischen Nationalmuseums, weiß alles über die Geschichte und das Wesen der geheimnisvollen Pretiose. Der freundliche Gelehrte berichtet von der Beschaffenheit des Holzes, der Zahl der Ziernägel und der dynastischen Bedeutung des Kissenbezugs. Er war es, der sie wieder entdeckte, die Leibsänfte der Kurfürstin Maria Antonia.

*Die Leibsänfte der Kurfürstin Maria Antonia;
für diese 1685 gefertigte Sänfte muss der Stallknecht und Sesselträger
Anton Achmet verantwortlich gewesen sein. Die kostbare
Sänfte ist bis auf die Tragholme weitgehend original erhalten.*

Die Konstruktion des einsitzigen Holzkastens gleicht dem Tragsessel auf Wenings Kupferstich-Ansicht des Münchner Markts. Doch mit den Mietkarossen von der Dienergasse hat dieses exquisite Gefährt ansonsten nichts gemein. Die Außenwände und das Dach sind mit rotem Seidensamt verkleidet, den wiederum Goldstickereien, Bordüren, Fransen und Hunderte vergoldete Nägel schmücken.

Das bedeutsamste textile Detail befindet sich in der Karosse selbst. Innenwände, Sitzkissen und Armlehnen sind mit einem Stoff bezogen, der mit Goldfäden durchwirkt ist. Dieses Goldtuch, auch *drap d'or* genannt, stellte für Wackernagel das entscheidende Indiz dar, als er vor etwa zwanzig Jahren die wahre Identität der Sänfte klären konnte, von der man über zweihundert Jahre geglaubt hatte, sie sei irgendwann in der Mitte des 18. Jahrhunderts gebaut worden und habe ursprünglich zum Fuhrpark des Kurfürsten Max III. Joseph gehört.

Goldtuch aber war ausschließlich kaiserlichen Möbeln vorbehalten. Eine Sänfte im Marstall der Wittelsbacher, die mit diesem exklusiven Stoff ausgestattet war, musste zumindest einem (oder einer) nahen Verwandten des Kaisers gehört haben. Weil schon die schweren Ornament-Reliefs der Außenwände die Sänfte eher in das Barock des ausgehenden 17. Jahrhunderts verwiesen, suchte Wackernagel nach einem Mitglied der fürstlichen Familie, das in dieser Ära eine Verbindung zum Habsburger-Thron nach Wien besaß. Schließlich konnte der Restaurator diese Person benennen: Maria Antonia, die erste Gemahlin von Max Emanuel.[80]

Die Tochter Kaiser Leopolds I. heiratete den jungen bayerischen Kurfürsten 1685. Damals stand der Wittelsbacher in der Gunst des Habsburger-Herrschers. Max Emanuel hatte sich

1683 vor Wien und in den folgenden Feldzügen bewährt. Außerdem gedachte der Kaiser Bayern, das sich in den Jahrzehnten zuvor eher an Paris orientiert hatte, wieder dauerhaft als katholischen Verbündeten im Reich zu gewinnen. Auch für Max Emanuel dürften machtpolitische Erwägungen für diese Heirat entscheidend gewesen sein. Mit einer Gattin aus dem Hause Habsburg hoffte er sein Geschlecht in der dynastischen Hierarchie Europas aufzuwerten. Dass mit Maria Antonia eine Tochter des Kaisers in die Münchner Residenz eingezogen war, wurde am bayerischen Hof dementsprechend betont – auch und insbesondere während der Hochzeitsfeierlichkeiten.

Max Emanuel hatte für dieses so wichtige Ereignis zwei besonders teure und prachtvolle Karossen bauen lassen – eine Kutsche und eine Sänfte. Der bayerische Hof gab die Hochzeitsgeschenke bei einer Pariser Werkstatt in Auftrag. Die Ausstattung der Kutsche ist überliefert, sie muss mit Goldstickereien und goldenen Metallfransen über und über geschmückt gewesen sein. Ein Kupferstich – gefertigt von niemand anderem als Wening – ermöglicht zwar eine Vorstellung dieses Prachtwagens, die Kutsche selbst jedoch blieb nicht erhalten. Die Sänfte geriet in Vergessenheit.

Wackernagel schließlich konnte zeigen, dass es sich bei dem „alten Trag-Sessel", wie er in den Inventarlisten der fürstlichen Wagenburg genannt wurde, eben um die Leibsänfte der Kaisertochter und bayerischen Kurfürstin Maria Antonia handelt. Vielleicht wissen weltweit nicht mehr als ein Dutzend Menschen vom gelösten Rätsel um die Sänfte im ersten Stock des linken Flügels im Nymphenburger Schloss. Für den, der nach Spuren von Anton Achmet sucht, ist Wackernagels Enthüllung der wahren Sänften-Identität eine Sensation.

Denn der edle Tragsessel gehörte seit der Hochzeit, also seit 1685, zum kurfürstlichen Marstall. Und Anton Achmet arbeitete ebendort. Jener reich geschmückte Holzkasten, der einst fabriziert worden war, um eine äußerst bedeutsame machtpolitische Entscheidung zu feiern und der in den Jahrhunderten danach nicht mehr schien als eine zwar kostbare, aber doch reichlich verschrobene kunstgewerbliche Kuriosität, die hin und wieder auf historischen Ausstellungen präsentiert wurde und schließlich in einer Nische des Nymphenburger Kutschenmuseums ihren Platz fand, dieses bemerkenswerte und seltsame Transportmittel – 90 Zentimeter tief, 70 breit und 158 hoch – gehörte einst zum Alltag eines der frühesten osmanischen Einwanderer in München.

Anton Achmet musste sich um diese Sänfte kümmern. Wenn sich außen oder innen Erdkrumen befanden, wenn die Tür oder eines der Fenster klemmte, wenn etwa ein Vogel das Dach verunreinigt hatte – der Senftenknecht hatte bei all diesen großen oder kleinen Malheurs Abhilfe zu schaffen. Eine abgerissene Bordüre, ein lockerer Nagel oder ein paar lose Goldfäden – Anton Achmet wurde gerufen und musste die Ausbesserungen an der fürstlichen Karosse vornehmen. Es ist gut möglich – sogar recht wahrscheinlich –, dass die Leibsänfte der Maria Antonia das wichtigste, weil teuerste und prestigeträchtigste Objekt im Verantwortungsbereich des osmanischen Knechts darstellte.

Möglich, dass Achmet die Sänfte auch tragen musste. Eine derartige Tätigkeit des besiegten und zum „wahren Glauben" bekehrten Türken ließe sich jedenfalls mit dem ausgeprägten Verlangen des Kurfürsten, die eigene Majestät und Großartigkeit immer wieder zur Schau zu stellen, bestens vereinbaren.

Max Emanuel hatte die Tochter des Kaisers geheiratet. Die Vermählungsfeierlichkeiten fanden am 15. Juni 1685 in Wien statt. Im Oktober zog er mit seiner Gemahlin, nicht minder feierlich, in München ein. Noch war der bayerische Herrscher umflort vom Ruhm des erfolgreichen Heerführers. Er ließ sich feiern als einer der Befreier von Wien – und damit ja auch als einer der Retter des Kaisers, des Vaters der Braut. Die Vermutung liegt nahe, dass Max Emanuel, der ja gewohnt war, sich mit allen möglichen Insignien seiner militärischen Triumphe zu umgeben, die Gelegenheit nutzte, auch in der Nähe seiner kaiserlichen Braut, deren Familie er vor der türkischen Bedrohung befreit hatte, eben diese Insignien zu platzieren. Und besaß er nicht ein lebendiges Zeichen für die Überlegenheit seiner Truppen und seines Glaubens? War nicht Anton Achmet, der gefangene Janitschar und konvertierte Muslim, dieses Symbol?

So jedenfalls hätte die Szene aussehen können: Ein vor Wien bezwungener osmanischer Krieger, der sich dem christlichen Glauben zugewandt hatte, trug die Sänfte der Habsburger-Erzherzogin und bayerischen Kurfürstin. Das Publikum des Barock verlangte nach derartigen Inszenierungen, bei denen sich die Wirklichkeit zum Sinnbild verdichtete. Und niemand verlangte so sehr danach wie Max Emanuel. Alles um ihn musste Bühne sein, und stets wurde etwas aufgeführt. So wie er jeden seiner Untertanen, Soldaten, Feinde, Freunde und Gegner als Schauspieler eines grandiosen Welttheaters begriff, das gespielt wurde einzig, um ihn zu unterhalten, so wird er auch Anton Achmet beurteilt haben: als einen Komparsen oder, genauer noch, als ein farbiges, bewegliches Teil der Kulisse.

Wenn Anton Achmet tatsächlich die Sänfte getragen hat, bei repräsentativen Anlässen etwa, hat er einige der größten

Feste erlebt, die in der Zeit des Barock stattfanden. Er wäre Zeuge gewesen, als das Brautpaar im Oktober 1685 in München einzog. Er würde die Triumphbögen bestaunt haben und die beiden „Herkulessäulen" auf dem Marktplatz. Er würde den Mann betrachtet haben, der auf einem Seil saß, das zwischen den Säulen schwang. Der Artist, „am gantzen Laib mit Pulver umfangen", fing plötzlich Feuer und schaukelte als lebende Fackel über den Köpfen der gaffenden und schreienden Menschen. Achmet könnte die gerade einmal 16 Jahre alte Fürstin in ihrem Hochzeitsgeschenk, der in Seidensamt gehüllten Sänfte, während der wochenlangen Feierlichkeiten durch die Stadt transportiert haben – zu St. Michael, wo die Jesuiten ein Schauspiel aufführten, oder zum Opernhaus bei St. Salvator, wo am 21. Januar „Servio Tullio" Premiere hatte – ein höchst bedeutsames Theaterereignis des 17. Jahrhunderts.[81]

Womöglich begleitete Achmet das Fürstenpaar im Frühjahr 1686 sogar nach Wien. Max Emanuel gedachte von dort aus eine neue Kampagne gegen die Türken anzuführen, und Maria Antonia wollte die Zeit bis zur Rückkehr ihres Gatten lieber am Hof ihres Vaters verbringen als in dem ungeliebten München. Wenn sie ihre kostbare Sänfte mit in ihre Heimatstadt nahm, so wird sie auch den für dieses Gefährt verantwortlichen exotischen Knecht mitgebracht haben. Anton Achmet gehörte zum Inventar. Sicher wird er im November 1686 die prachtvolle Rückkehr des Fürstenpaares nach München miterlebt haben. Die Stadt hatte sich in eine einzige Illumination verwandelt, um den Eroberer von Ofen zu feiern. Im Tross der Bayern, so notierte ein italienischer Gesandter, erregte insbesondere ein Pferd Aufmerksamkeit, das auf osmanische Weise prunkvoll geschmückt und gesattelt war.[82]

Der Mann aus Babadag könnte in Schleißheim auf seine Herrin gewartet haben, die vielleicht gerade an einer Fasanenjagd teilnahm. Er könnte sie zu den Gemächern der Gräfin Kaunitz gebracht haben. Dort saß Maria Antonia bald häufig an den Spieltischen und verlor beträchtliche Summen. Die Gräfin, eine kluge und mit der Welt des bayerischen Hofes vertraute Frau, galt als Favoritin von Max Emanuel, unter seinen zahlreichen Mätressen war sie die wichtigste. Jeder in der Residenz wusste das, also wird es auch der Gattin des Fürsten nicht verborgen geblieben sein.

Maria Antonia wusste, dass sie selbst ihrem Mann nicht allzu viel bedeutete. Mit ihrer Ehe hatte sie den Interessen Wiens und Münchens entsprochen. Ihr Vater wollte den jungen Wittelsbacher an sich binden, und Max Emanuel glaubte mit seiner Gemahlin, die über ihre Mutter mit dem spanischen Herrschergeschlecht verwandt war, einen Trumpf für das große dynastische Spiel erworben zu haben.

Maria Antonia sollte einen Sohn gebären. Das war ihre Aufgabe, doch zunächst scheiterte sie an dieser Mission. Sie erlitt mehrere Fehlgeburten. Wenn Max Emanuel anfangs zumindest ein wenig Interesse an seiner Gemahlin aufgebracht haben mag, wird dieses schon sehr bald eingeschlafen sein. Er widmete sich lieber dem Spiel, den Feldzügen und den Frauen. Maria Antonia, die aus seinem Gesichtskreis zu verschwinden hatte, führte am bayerischen Hof immer mehr das Dasein einer gerade noch geduldeten Außenseiterin. Über ihre Bewegungen und ihre Gesprächspartner wachten Bedienstete des Herrschers. Sie lebte in der Residenz als verdrängtes und vereinsamtes Wesen. Dem Fürsten war sie lästig.[83]

Anton Achmet dagegen könnte sich häufiger in ihrer Nähe

aufgehalten haben. Er, der Lakai und frühere Sklave, könnte die Kaisertochter und Fürstengattin zu all den Gesellschaften, Festen, Banketten, Komödien und Jagden begleitet haben. Die junge Adelige und ihr Diener hätten jedenfalls ein bemerkenswertes Paar abgegeben. So unermesslich groß der Abstand zwischen ihr, der Höchsten, und ihm, dem Niedrigsten, auch gewesen sein mag, wirken ihre Schicksale durchaus vergleichbar. Für beide bedeutete das Leben am Münchner Hof ein Leben im Exil. In das Reich der Wittelsbacher waren sie beide nicht aus eigenem Entschluss gekommen, sondern unter Zwang. Sie hatten in München Rollen zu spielen. Ihre Freiheit war die Freiheit, dem Kurfürsten dienen zu dürfen.

Ob der Sesselträger und die Kurfürstin sich als frei oder geknechtet empfanden? Von Anton Achmet lässt sich sagen, dass ihm Freiheit einiges bedeutete. Er hatte über ein halbes Jahr im Kerker verbracht. Er hatte in einem Brief um einen Gefangenenaustausch gebeten und er gelangte schließlich per Taufe aus dem Zuchthaus. Der konvertierte Türke wusste um den Wert der Freiheit – er hatte sie verloren. Und Maria Antonia? Betrachtete sie sich als Gefangene des bayerischen Fürsten?

Zumindest ist von ihr keine Äußerung überliefert, in der sie sich über ihre Situation am Münchner Hof beklagt hätte. Wem gegenüber hätte sie dies auch tun sollen? Ihre Mutter war längst verstorben, und es wird ihr kaum sinnvoll erschienen sein, gegenüber ihrem Vater, dem Kaiser, Klage zu führen. War es doch Leopold I. gewesen, der seine Tochter nach München verschachert hatte, obwohl er den Charakter und den Lebenswandel von Max Emanuel durchaus kannte.

Die Herrscherin Maria Antonia und der Diener Anton Achmet bewegten sich immer wieder auf denselben Raum zu, auf einen mit vergoldeten Samt ausgelegten Holzkasten. Er hatte sich um den makellosen Zustand der tragbaren Zelle zu kümmern, und sie hatte sich in diese hineinzusetzen. In all ihrer Würde ebenso wie in ihrer Machtlosigkeit und ihrer Einsamkeit. Vielleicht empfand Achmet, auch wenn er sich nicht erkühnte, es in Worten auszudrücken, so etwas wie Bedauern für jenes traurige Wesen, das sich in einer Sänfte durch die kühle Pracht der Residenz tragen lassen musste.

Was genau zu den Pflichten des Anton Achmet zählte, ob er also tatsächlich Sessel oder Sänften zu tragen hatte, ist nicht sicher anzugeben. Der Blick in die Vergangenheit, den die Dokumente gewähren, bleibt unscharf. Mal heißt es, Achmet sei als Knecht zuständig für die Esel oder Maultiere gewesen. Andere Texte nennen ihn ausdrücklich einen „Senftenknecht". Selbst in den Soldbüchern des Hofzahlamts wechseln die Bezeichnungen.

Der Münchner Konvertit hat kein Zeugnis seines beruflichen Alltags hinterlassen, es existiert aber der Bericht eines anderen muslimischen Kriegsgefangenen, der seinen christlichen Herrn in einem Tragsessel zu kutschieren hatte – wenn auch nur einmal. Die Szene gehört zu den Erinnerungen des Osman Aga, der während seiner Zeit im Reich der Ungläubigen, der Giauren, unter anderem auch einem Adeligen in Wien – dem Hofkriegsrat Christoph Tietmayr de Schallenberg – zu dienen hatte.

Wenn der Herr in der Kaiserstadt unterwegs war, liefen Osman Aga und ein serbischer Lakai für gewöhnlich neben der Kutsche her. Eines Tages jedoch befahl Schallenberg, gerade im Palais eines befreundeten Adeligen angekommen, seine beiden „Läufer" sollten umkehren und von zu Hause eine Sänfte herbeischaffen, mit der er abends abgeholt werden wolle. Was die beiden Diener, die mit ihrem gewichtigen Herrn (der angeblich hundert Okka, also über 120 Kilogramm wog) eindeutig überfordert waren, nun erleben sollten, schildert Osman Aga scheinbar naiv und doch sehr präzise.

> *Als wir dann heimwärts gingen, sagte mein Gefährte, den sie „Ratz" riefen, mit bedenklicher Miene zu mir: „Mein Lieber, ich fürchte, jetzt wird es dir leid tun, dass du hierher gekommen bist. Jetzt wirst du nämlich sehen, was es heißt, einen Mann wie unseren Herrn in der Sänfte durch Wien tragen zu müssen."*
>
> *Nun, nachdem wir daheim eine Zeit lang herumgesessen hatten, hingen wir uns die Traggurte der Sänfte um den Hals – so ähnlich, wie man bei den Holzsandalen mit dem Fuß in den Riemen schlüpft – und trugen die leere Sänfte von unserem Palais, also von der Gegend beim Stubentor, zum Zeughaus hinüber. Dabei schnitten mir die Riemen in die Schultern, dass mir Hören und Sehen verging, und ich dachte mit höchster Sorge daran, wie es wohl werden würde, wenn da erst mein Herr drinnen sitzen würde! Der war nämlich ein großer dicker Mann und wog gewiss seine hundert Okka.*
>
> *Am Abend kam also unser Herr dort heraus und stieg gleich unten an der Treppe in die Sänfte, während die Lakaien ihre Wachslichter anzündeten. Als wir nun unseren Herrn hochhoben und losgehen wollten, krachten und knackten mir alle Wirbel im Rückgrat, und kaum dass wir zum Tor hinauskamen, fingen auch schon meine Füße an, unter mir im Zickzack dahinzutanzen. Zwar trug ohnehin*

ich vorne und mein Gefährte hinten, weil er etwas stärker war als ich – aber wir waren kaum fünfzehn Schritt vom Tor weggekommen, da strauchelte ich und wäre um ein Haar hingefallen. Daraufhin begann unser Herr zu schreien: „Halt, halt, bleibt stehen! Macht die Tür auf, ich will hinaus!"

Er stieg heraus und schimpfte auf uns: „Morgen lass ich euch beiden tausend Hiebe aufzählen und in Eisen legen!" Und damit ging er zu Fuß nach Hause. Wir trugen mühsam die leere Sänfte heim, stellten sie an ihren Platz und harrten nun ängstlich der Dinge, die da morgen kommen sollten.

Aber am nächsten Tag geschah gar nichts, vielmehr hatte es Allah gegeben, dass unser Herr Gnade walten ließ. Zwei Tage darauf befahl er uns nämlich die Sänfte zu nehmen und sie in die kaiserliche Burg zu seiner Frau Tante, einer gewissen Gräfin Breunerin, zu bringen. Wir holten also die Sänfte und trugen sie an den befohlenen Ort, ohne dass wir eine Ahnung hatten, wozu das war. Wir meinten, dass wir die Dame wohl irgendwohin tragen sollten. Wir trauten also unseren Augen kaum, als nun die Tante ihre Beschließerin mit vier Gulden Trinkgeld für uns herausschickte, uns Grüße an unseren Herrn auftrug und sich für die Sänfte schön bedanken ließ. Da hatte also unser Herr die Sänfte der Gräfin geschenkt! – Nun, wir steckten jeder unsere zwei Gulden ein, waren heilfroh, dass wir diese Plackerei nunmehr los waren und veraßen und vertranken das Geld, das uns da so unverhofft in den Schoß gefallen war.[84]

Vielleicht warten in irgendwelchen Archiven bislang übersehene Handschriften noch darauf, entdeckt und entziffert zu werden. Vielleicht verdient eine bestimmte Fußnote in einem der maßgeblichen Bücher oder Fachbeiträge noch mehr Beachtung. Vielleicht stehen die Ergebnisse einer wirklich gründlichen Suche noch aus. Bis auf Weiteres aber lässt sich sagen: Es ist kein anderes Selbstzeugnis eines gefangenen Osmanen bekannt, das von der Tätigkeit des Sänftentragens erzählen würde. Mehrere Dutzend erbeutete Muslime schleppten damals durch Wien und München die gerade in Mode gekommenen Tragsessel oder *portechaisen*. Schon allein der Umstand, dass gerade Osman Aga – der eine beladene Sänfte nur ein einziges Mal, und zwar nur für ein paar Minuten, halten konnte – dieser Berufsgruppe eine Stimme verliehen hatte, welche die Zeiten überdauerte, ist ein kleines Wunder.

Osman Aga und Anton Achmet hatten miteinander zu tun. Die Schicksale der beiden Muslime mochten sich in entgegengesetzte Richtungen entwickelt haben, aber sie passen zusammen. Sie ergänzen sich so vollkommen, dass sie als Aspekte eines Lebenslaufs betrachtet werden können, der in Wahrheit sowohl Achmet als auch Osman Aga zugehört. In ihrem tatsächlichen Dasein hatten sich die osmanischen Gefangenen für jeweils einen Weg entscheiden müssen. In ihrem erinnerten Leben aber rücken die Gestalten zusammen.

Ob man Muslim bleiben oder besser zum christlichen Glauben konvertieren würde, ob man im Exil ausharren oder doch in die Heimat zurückkehren würde, ob man schweigen oder sein Schicksal aufschreiben würde – diese Fragen, die im wirklichen Leben nur einmal und dann eben mit entscheidender Wirkung zu beantworten waren, haben im Rückblick den

Charakter des Unwiderruflichen verloren. Der eine Gefangene hatte schlichtweg das getan, was auch der andere hätte tun können. Er hatte es in gewisser Weise für den anderen getan.

Das Beharren des Osman Aga auf seinem hergebrachten Glauben macht die Hürde begreiflich, die Achmet zu nehmen hatte, als er sich für die Religion seiner neuen Herren entschied. Und Achmets Entscheidung, das Reich der Christen als seine neue Heimat anzunehmen, lässt die Entschlossenheit und Energie ahnen, die Osman Aga aufbringen musste, um an seiner alten Heimat festzuhalten und dorthin zurückzukehren.

Seltsam: Nach Freiheit hatten Achmet und Osman Aga verlangt. Den einen hielt dieses Verlangen vom christlichen Glauben fern und trieb ihn nach Jahren der Knechtschaft zur Flucht in die alte Heimat. Dasselbe Verlangen ließ dem anderen keine andere Wahl als den Schritt in den fremden Gauben und in ein neues Dasein.

Anton Achmet, der Christ aus dem Morgenland, wurde 1691 Vater. Am 2. Januar jenes Jahres empfing Andreas Achmet in der Pfarrkirche Zu Unserer Lieben Frau die Taufe. Der Matrikeleintrag hält fest, dass das Kind, dessen Vater der „Senftenkhnecht" Antonius Achmet und dessen Mutter Maria Cunegundis sei, am selben Tag, um halb vier in der Früh, zur Welt gekommen war.[85] Das Taufsakrament wurde, wie damals üblich, möglichst bald nach der Geburt gespendet. Niemand konnte wissen, ob das kleine Geschöpf überleben würde. Wenn es für das Diesseits zu schwach war, so galt es doch unter allen Umständen seine Seele zu retten. Pate und Namensgeber des jungen Achmet war Andreas Heyer, kurbayerischer Kammerdiener und Hofapotheker.

Ein Jahr später wurde auch der Kurfürst Vater eines Sohnes – zu einem Zeitpunkt, als er sich von seiner Gemahlin bereits getrennt hatte. Max Emanuel war 1692 nach Brüssel übergesiedelt und hatte seine Gattin Maria Antonia am Münchner Hof zurückgelassen. Die schwangere Fürstin reiste nach Wien. Dort brachte sie am 28. Oktober 1692 einen Sohn zur Welt, den Kurprinzen Joseph Ferdinand

Die Geburt überforderte ihren Körper, die Ärzte waren machtlos, und Maria Antonia spürte, dass sie nur noch wenige Tage zu leben hatte. Also setzte sie ihr Testament auf – um sich mit ihrem letzten Willen gegen die Zumutungen ihrer erzwungenen Ehe zu verteidigen.

Sie bekräftigte ihren bereits bei der Hochzeit ausgesprochenen Verzicht auf die spanische Krone und vermachte ihre sämtlichen privaten Besitztümer dem gerade geborenen Prinzen. Sollte dieser keine Nachkommen zeugen, so verfügte Maria Antonia als deutliche Spitze gegen ihren Gatten, verfalle wiederum das Erbe ihres Sohnes nicht an Max Emanuel, sondern an ihren Vater und dessen Verwandte. Am 24. Dezember 1692 verstarb Maria Antonia. Sie wurde 23 Jahre alt und war nicht aus dem Leben geschieden, ohne zuvor einmal ihrer Empörung Ausdruck verliehen zu haben – und wohl auch ihrem Verlangen nach Freiheit.

Zwei Weggefährten von Anton Achmet

Johann Paul Millauer wirkt freundlich, wenn auch nüchtern und mit seiner leicht angehobenen linken Augenbraue ein wenig arrogant. Das bartlose Gesicht mit der kräftigen Nase und dem massiven Kinn tendiert ins Weiche und Füllige, ein Eindruck, den die ausladende Perücke, die den Kopf des Hofkammerrats umrahmt, verstärkt. Tatsächlich präsentiert Millauer einzig sein Gesicht. Haare und Ohren sind unter der Perücke verborgen, um den Hals liegt ein bestickter Schal, und den Oberkörper bedeckt ein weiter Mantel. Leicht nach links gedreht, blickt er den, der ihn betrachtet, mit wachen Augen an.

Millauers Porträt, ein Kupferstich, ist ein Bild jenes Mannes, der wie kaum ein anderer mit dem Schicksal der Münchner Türken verbunden war, ein Bild von beinahe fotografischer Präzision, das doch über dreihundert Jahre alt ist.

Johann Paul Millauer; der Hofkammerrat leitete die Fabrik und das Zuchthaus, er führte die Aufsicht über sämtliche türkischen Sklaven in Bayern. Er gehörte zu den Zeugen der Taufe von Anton Achmet. Kupferstich von Carl Gustav von Amling, zwischen 1695 und 1699

Auf dem unteren Rand des 17 mal 25 Zentimeter großen Blattes hat jemand die Jahresangabe 1700 notiert, nach den obligatorischen Widmungszeilen des Künstlers, des Kupferstechers Carl Gustav von Amling. Demnach war dieses Bild etwa zu jener Zeit entstanden, als Wening den Münchner Markt mit den beiden Sänftenträgern geschaffen hatte. So wie der zwei Jahre ältere Wening stammte der 1650 geborene Amling aus Nürnberg. In München lernte er Wening kennen und arbeitete wohl auch eine Zeit lang für ihn. Am Hof des Kurfürsten spezialisierte sich Amling offenbar auf die Porträts der Herrscherfamilie und anderer einflussreicher Persönlichkeiten. Gut möglich, dass der Prominenten-Bildner zu Lebzeiten bekannter und erfolgreicher als der ewig klagende Wening war. In seinem München-Buch von 1782 urteilte Lorenz Westenrieder jedenfalls, Amling, der dem Kurfürsten zu dessen „Stolz und Vergnügen" gedient habe, sei einer der „besten deutschen Künstler" gewesen.

Amling verstarb 15 Jahre vor Wening, dem Konkurrenten und Kollegen. Und weil er kein Werk hinterließ, das mit der monumentalen Landesbeschreibung Wenings vergleichbar gewesen wäre, wuschen die Jahrhunderte seinen Namen beinahe vollständig aus der Geschichte. Und doch ist es Amling, der, durch eben diese Jahrhunderte hindurch, einen Blick auf Millauer ermöglicht – auf den berühmten und gnädigen Baron Johann Paul Millau von „Bering und Pellheim", wie der Schriftzug rund um die ovale Kartusche des eigentlichen Porträts verkündet. Der Herr, so berichtet das Band des Weiteren, sei Hofkammer- und Kommerzienrat des Fürsten, außerdem Direktor der fürstlichen Fabrik.

Mit „Bering und Pellheim" waren die beiden Landsitze

Pöring und Pellheim (bei Dachau) gemeint.[86] Und da Millauer (oder Millau) bereits seinen Adelstitel hatte, kann der Stich frühestens 1695 entstanden sein. Wenn die Information auf dem Schriftband stimmt und der Baron tatsächlich noch den Titel eines Kommerzienrates führte, so musste Amling das Porträt spätestens 1699 geschaffen haben. Am 19. Februar 1699 nämlich löste Max Emanuel das Kommerzkollegium auf.[87]

Also: Die nachträglich auf den Druck geschriebene Jahreszahl 1700 stimmt nicht ganz. Der Stich war ein wenig früher, zwischen 1695 und 1699 entstanden, bevor die letzten gefangenen Türken ins Osmanische Reich zurückkehren durften. Der Mann, dessen Gesichtszüge Amling bewahrt hat, war demnach, als er sich porträtieren ließ, noch für die muslimischen Zwangsarbeiter zuständig.

Seit Jahren beaufsichtigte er nun schon die *turcas* in der Fabrik, die schwachen und die gesunden, wenn sich denn überhaupt noch ein paar gesunde in der Manufaktur verdingten. Die Herrschaft über die Münchner Muslime wird der Hofkammerrat längst mit großer Routine ausgeübt haben. Seiner herausgehobenen Position und seines Einflusses scheint sich der Mann auf dem Kupferstich jedenfalls sicher zu sein. Gut möglich, dass er gerade auf dem Scheitelpunkt seiner Karriere stand. Millauer stand in der Gunst des Fürsten und gehörte zu jenen Neu-Adeligen, die, angetrieben durch Ehrgeiz, Können oder Intrigen, im absolutistischen Hofstaat die alten, hochadeligen Familien zurückdrängten.

Dass Amling den Multifunktionär porträtierte, wird kein Zufall gewesen sein. Das Bild repräsentiert einen Aufsteiger, einen, der es in den innersten Zirkel der Macht geschafft hatte. Genau diese Botschaft verkündet der Kupferstich – und nur diese Botschaft sollte er verkünden. Das Bild war ja nicht für Millauers privaten Gebrauch gedacht. Als gedruckte und vervielfältigte Grafik sollte es ein Publikum ansprechen – jenes Publikum, das erfahren wollte, wer am kurfürstlichen Hof eine Rolle spielte. Millauer spielte eine Rolle. Ihn zu kennen, lohnte sich. Wenn man denn selbst eine Rolle zu spielen gedachte.

Doch das Bild Millauers – wahrscheinlich das einzige je gefertigte „öffentliche" Porträt dieses Mannes – berichtet nicht nur von Macht und Größe. In dem Stich sind auch Chiffren des Zerfalls zu erkennen. Jegliches Detail, das auf dem Schriftband zur Verherrlichung des Porträtierten eingraviert worden war, besitzt heute einen höhnischen Klang. Die Hofkammer, die oberste Finanzbehörde des Landes, hatte das maßlose und beinahe wahnwitzige Finanzgebaren des Kurfürsten nie verhindern können. Das Kommerz-Kollegium und die Fabrik standen für die hochfliegenden und dann so hoffnungslosen ökonomischen Pläne des Landesherrn. Und die auf Millauer gemünzten Attribute „berühmt" und „edelgeboren" (*illustris ac generosus*) hören sich heute beinahe verzweifelt und klagend an, wenn man daran denkt, dass es für Millauer letzten Endes nur zu einer harmlosen und komischen Rolle in einem Heimatroman gereicht hat.

Schon die Entstehung des Kupferstichs fiel in eine Zeit der Krise und des beginnenden Niedergangs. Die bayerische Residenz war seit Jahren verwaist, der Kurfürst war wie gesagt 1692 mit großen Teilen des Hofstaats nach Brüssel umgezogen, weil er sich als Statthalter der Spanischen Niederlande zu profilieren gedachte. Seine siegreichen Schlachten gegen die Türken lagen lange zurück. Nicht mehr Max Emanuel galt als genialer Armeeführer des Kaisers, sondern Prinz Eugen, der das osmanische Heer 1697 in der Entscheidungsschlacht bei Zenta besiegt hatte. Und am 6. Februar 1699 schließlich musste der bayerische Kurfürst den wohl schwersten Schlag seines Lebens hinnehmen. Sein Sohn, Kurprinz Joseph Ferdinand, verstarb in Brüssel im Alter von sechs Jahren. Das Kind war Kandidat für den spanischen Thron gewesen, mit ihm hatten sich Max Emanuels Hoffnungen auf eine dynastische Erhöhung verbunden. Mit ihm musste er diese Hoffnungen begraben. Nach dem Tod seines Sohnes zerriss Max Emanuel seine Kleider – und fiel in Ohnmacht.[88]

Wusste der Mann hinterm Schreibtisch vom Unglück seines Herrn? Hatte sich die Bedeutung dieses Kindstodes für das Haus Wittelsbach und damit für das gesamte Land bereits einen Platz erobert hinter der Stirn des edelgeborenen Freiherrn Paul von Millau auf Pöring und Pellheim? Der Hofkammerrat war klug genug, um zu erkennen, dass der ferne Kurfürst in Brüssel nun keine glänzende Zukunft mehr besaß. Und er war erfahren genug, um zu wissen, dass Max Emanuel dennoch weiter an hochfliegenden Plänen basteln würde, dass diese Pläne immer weniger mit der Wirklichkeit verbunden und deshalb immer gefährlicher sein würden. Millauer hatte Grund zur Sorge.

Auch deshalb, weil sich in jenen Jahren eine Zeitenwende vollzog, die für das ausgelaugte Kurbayern, wenn überhaupt, nur mit einem klugen und höchst wachsamen Staatsmann auf dem Thron zu meistern gewesen wäre. Der große Konflikt nämlich, der über Jahrzehnte die Pläne der europäischen Mächte und ihre Loyalitäten untereinander bestimmt hatte, löste sich auf: Die kriegerische Ära zwischen dem Osmanischen und dem habsburgischen Reich neigte sich dem Ende zu. Nach den letzten großen militärischen Erfolgen seines Heerführers Prinz

Eugen gegen die Türken hatte der Kaiser von Istanbul nichts mehr zu befürchten. Er konnte sich nun mit großer Entschiedenheit um seinen Einfluss im Westen des Reiches kümmern und seinem dortigen Konkurrenten, dem französischen König, entgegentreten.

Für Max Emanuel bedeutete der nahende Friedensschluss zwischen dem Kaiser und der Hohen Pforte eine höchst dramatische Entwicklung. Der „Türkenbezwinger" und ehemalige Schwiegersohn des Kaisers konnte auf einen Bonus am Wiener Hof nicht mehr hoffen. Im neuen Spiel der europäischen Kräfte würde Bayern keinen besonderen Wert und nur noch marginalen Einfluss besitzen. Den Kurfürst hätte diese Aussicht zutiefst beunruhigen müssen – in Wirklichkeit kränkte sie ihn. Den drohenden Bedeutungsverlust Bayerns betrachtete er als persönliche Beleidigung und als Angriff auf die Würde der Wittelsbacher. Anstatt sich auf eine neue, kleinere Rolle an der Seite des Kaisers einzustellen, wagte Max Emanuel ein höchst riskantes Manöver: Er wandte sich vom Kaiser ab und bot sich Frankreich als Verbündeter an. Nach dem Tod seines Sohnes und dem Ende seiner Ambitionen auf den spanischen Thron, so urteilt der Historiker Ludwig Hüttl, habe für den Kurfürsten die „große Krise" seines Lebens begonnen – und die „größte Krise, in die er Bayern aufgrund seiner absoluten Machtvollkommenheit gegen den Willen aller politisch relevanten Kräfte stürzte".[89] Ob zu diesen „politisch relevanten Kräften" auch die bayerische Hofkammer und damit die Stimme des Baron Millauer gehörte?

Wie es um die bayerischen Finanzen stand, wird der Hofkammerrat jedenfalls gewusst haben. Und er hätte seinem Herrn vorrechnen können, wie teuer die Türkenkriege dem kleinen Land gekommen waren. Neben den 30 000 toten Soldaten hatten die Feldzüge nach Ungarn den Bayern 15 Millionen Gulden gekostet. Eine kaum zu ertragende Belastung, bedenkt man, dass Bayern mit jährlichen Steuereinnahmen von gerade einmal einer Million Gulden rechnen durfte. Mag sein, dass die türkischen Zwangsarbeiter der Staatskasse alles in allem ein paar tausend Gulden eingebracht hatten. Aber nur deshalb, weil die Sklaven in der Fabrik unter erbärmlichsten Umständen gelebt und geschuftet hatten. Und auch mit der Ausbeutung der Kriegsgefangenen war es irgendwann vorbei.

Zum Ende des Jahrhunderts rückte ein Friedensschluss zwischen dem habsburgischen und dem Osmanischen Reich immer näher, und zu jenen, die den nahenden Wechsel der Zeiten frühzeitig erkannten, zählte Lucas Michaelowitz. Jahrelang hatte er auf eine feste Anstellung gehofft. Doch für den bayerischen Kurfürsten, der in Brüssel residierte und von Madrid träumte, hatten die Schlachten gegen die Türken längst nur noch den Wert heroischer Erinnerungen. Für einen Dolmetscher der osmanischen Sprache besaß Max Emanuel keine Verwendung mehr. Und auch der kaiserliche Hof in Wien wollte Michaelowitz keine sichere Stelle gewähren, allenfalls ein unverbindliches Versprechen darauf, eine *expectanz*.

Michaelowitz aber wollte mit seiner Familie unbedingt nach Wien, in der verwaisten bayerischen Residenzstadt hielt ihn nur noch die Hoffnung, vielleicht doch auf irgendeine Weise an das Geld zu kommen, das der bayerische Hof ihm schon seit Jahren versprochen, aber niemals ausgezahlt hatte. Als nun die Friedensverhandlungen zwischen Kaiser und Sultan Gestalt annahmen, glaubte Michaelowitz den Augenblick gekommen, sich endlich absetzen zu können – und dabei doch noch eine kleine, spezielle Beute mitzunehmen.

Statt der ausstehenden Gelder forderte Michaelowitz vom bayerischen Hof acht türkische Gefangene der Münchner *fabrica*, die er nach Wien mitnehmen und dort auf eigene Rechnung nach Istanbul verkaufen wollte. Hofkammerrat Millauer erhob zwar Einspruch und mahnte, ihm würden nach einem solchen Handel nur noch die „bresthaften und unnützen" Türken verbleiben. Schließlich aber erklärte sich der Kurfürst mit dem Vorschlag seines Dolmetschers einverstanden, stellte ihm einen Passeport aus – und ließ ihn mit seiner Familie und den acht Türken nach Wien, wohl im Sommer des Jahres 1699, fortziehen.[90]

Dass er beim Kräftemessen mit dem Dolmetscher den Kürzeren gezogen hatte, wird der Hofkammerrat Millauer verkraftet haben. Auf acht Türken mehr oder weniger kam es ihm nicht an. Doch der Coup des Michaelowitz hatte deutlich gemacht, dass die gefangenen Osmanen plötzlich wieder einen Wert besaßen. Wenn der Mann aus Ragusa mit ihnen handeln konnte, dann würde dies in wenigen Monaten auch der Kurfürst tun müssen. Die verschleppten Türken würde er im Austausch gegen bayerische Gefangene freigeben. Millauer würde seine Sklaven verlieren. Auch das war zu verkraften.

Mit dem Austausch der Gefangenen sollte für das kleine Kurbayern das große türkische Abenteuer endgültig vorbei sein. Dann würde die Zeit kommen, um Bilanz zu ziehen. Doch wer würde von dieser großen Schlussabrechnung, die doch nur verheerend und entsetzlich traurig ausfallen konnte, wissen wollen? Max Emanuel sicher nicht. Wirkliche Zahlen empfand er seit jeher als Zumutung und höchst langweilig. Hätte Millauer die Bilanz gelesen? Wusste zumindest er, der Experte für Zahlen und Finanzen, dass der Kurfürst das Land heruntergewirtschaftet hatte?

Wer in Millauers Augen zu lesen versucht, der glaubt neben Spott auch Zweifel zu erkennen. Doch niemand muss mit Millauer Mitleid empfinden. Immerhin: Der Mann hatte Anton Achmet gekannt. Millauers Augen hatten ihn gesehen, im Zuchthaus als angeketteten Gefangenen und ein paar Monate später als Täufling in der Kapelle. Millauer hätte den Türken beschreiben können, sein Gesicht, seine Augen, Nase und Mund. Er hatte ihn sprechen gehört.

Mit Millauers Erinnerungen ließe sich ein Bild des Türken anfertigen. Doch auch wenn der Kupferstich keinen Zugang zu den Gedanken des Hofkammerrats gewährt, so schenkt er doch etwas Kostbares. Er zeigt nicht nur jemanden, der Anton Achmet gesehen hatte – er präsentiert auch jemanden, der von Anton Achmet angesehen worden war. Selbst wenn der Türke den Freiherrn nur für einen Moment erblickt haben sollte, im Zuchthaus und danach nie mehr, so hatte er sich dennoch ein Bild des Direktors gemacht. Und ein Bild dieses Bildes, selbst wenn es nur für Sekunden auf die Netzhaut des Anton Achmet gefallen war, ist in dem Kupferstichporträt enthalten. Wer Millauer betrachtet, mag sich also einbilden, er sähe den Münchner Rat durch die Augen jenes Mannes, der aus Babadag gekommen war, jenes Fremden, dessen Gedanken und dessen Blick in Wahrheit niemals zu entschlüsseln sind.

Ein Leben für St. Peter

Die marmorne Platte, die wohl dort ihren Platz hatte, wo er begraben lag, nämlich an einer Wand der Katharinen-Kapelle unter dem nördlichen Teil des Turms von St. Peter, muss in einer der Bombennächte am Ende des Zweiten Weltkriegs zerstört worden sein. Die ganze Kirche war zerstört worden. Seines Turmhelms verlustig und bis in die Fundamente zerbrochen und zermürbt, schien für den „Alten Peter" der Abriss die einzig vernünftige Perspektive und irgendwie auch ein Akt der Gnade. Dass Münchens älteste Kirche dann doch wieder hergestellt und mittels eines Korsetts aus Stahlbeton vor dem Zusammenbruch bewahrt wurde, zählt inzwischen zu den mythischen Geschichten der Stadt.[91]

Spurlos verschwand der Gedenkstein für Konrad Kirchmayr nicht. Im 19. Jahrhundert hatte ein Künstler einige Dutzend der an den Außen- und Innenmauern der Kirche angebrachten Epitaphien von St. Peter gezeichnet, darunter auch jene Platte, die an den Geistlichen erinnerte, der 1684 den Mann aus Babadag getauft hatte. Das schmale, senkrecht stehende Rechteck zeigt auf der vertikalen Achse zwei Vignetten – oben wohl ein Familienwappen, unten einen Abendmahlskelch auf einem schlanken, mit Blumenmustern gezierten Stiel. Die zehn lateinischen Zeilen lassen sich so übersetzen:

Hier liegt Herr Konrad Kirchmayr, 43 Jahre Kooperator dieser Kirche und Benefiziat. Er ist gestorben am 7. Mai im Jahre des Herrn 1702, in seinem 79. Lebensjahr. Er möge in Frieden ruhen.[92]

Der Text, der auf ein Stück Marmor (zwei Schuh, fünf Zoll hoch und einen Schuh, sechseinhalb Zoll breit) passen musste, verdichtet das Dasein des Verstorbenen aufs Wesentliche – den Namen, die Ämter, das Alter, den Todestag. Nicht einmal für das Geburtsdatum oder den Herkunftsort blieb Platz. Woher er kam, das zählte nicht. Der Stein sollte einzig daran erinnern, dass dieser Mann Aufgaben und Pflichten übernommen hatte. Nur weil er sie erfüllt hatte, waren sein Leben und Wirken in die Kirche eingeschrieben, eingemeißelt worden. Die karge Inschrift lässt sich aber auch anders lesen – als Erinnerung an den wohl größten und dabei höchst privaten Triumph im Leben des Konrad Kirchmayr. Die lange Amtszeit und das Datum seines Todes bedeuteten nämlich den finalen Erfolg über seinen ärgsten Widersacher – den Dekan Kaspar Kiermayer. Dieser wegen seiner Tatkraft, seines Geistes, aber auch seiner Streitlust berühmte und gefürchtete Pfarrer von St. Peter hatte über Jahrzehnte mit seinen Kooperatoren (und insbesondere mit Kirchmayr) im Krieg gelegen. Kiermayer wollte Kirchmayr offenbar unbedingt loswerden. Doch trotz aller Beschwerden und dringenden Mahnungen, die heute das Archiv von St. Peter aufbewahrt, entschied sich das zuständige Gremium des Hofes, der Geistliche Rat, regelmäßig gegen eine Kündigung Kirchmayrs.

Der Dechant starb 1687, doch bereits 1662 hatte sein Kooperator eine wichtige Schlacht gewonnen. Kirchmayr erhielt damals die Stelle eines Benefiziaten, war damit im Dienst und unter dem Schutz einer der großen Stiftungen der Pfarrei, des Pötschner-Katharina-Benefiziums. Er war praktisch unkündbar, hatte auch nach der Amtszeit als Kooperator sein Auskommen. Und wenn der Dechant Kiermayer eine der wichtigsten und einflussreichsten Pfarreien Bayerns durch die Regierungszeiten von drei Kurfürsten lenkte, so hielt Kirchmayr seine Stellung als Kooperator in ebendieser Pfarrei während der Regentschaft von drei Dechanten. Im Ruhestand erlebte er noch die ersten Amtsjahre des vierten, Johann Leopold von Kronegg, der als ein von der Gicht geplagter Sechzigjähriger nach St. Peter berufen worden war und seine Aufgabe trotz der quälenden Krankheit und trotz rebellierender Kooperatoren über ein Vierteljahrhundert erfüllen sollte.

Von Kronegg sah die dunklen Jahre – den wahnwitzigen Kampf seines Fürsten an der Seite der Franzosen um die spanische Erbfolge, das dann von Max Emanuel im Stich gelassene Land, das unbarmherzige Regiment der österreichischen Besatzer. All das blieb Kirchmayr erspart. Die Niederlage von Höchstädt (1704) und das Massaker an den aufständischen Bauern (1705) musste er ebenso wenig erleben wie den Kollaps des Staates, der Stadt und der Pfarrei. 1702 war ein guter Zeit-

St. Peter; mit der ältesten Pfarrkirche Münchens ist das Schicksal
Anton Achmets eng verbunden. Ein Geistlicher von St. Peter taufte ihn,
in dieser Kirche heiratete er – und in den Matrikeln von
St. Peter wurde sein Begräbnis protokolliert. Kupferstich von
Johann Stridbeck dem Jüngeren, um 1697

punkt, um in Frieden zu ruhen. Die hellen Jahre waren noch in Erinnerung, die großen Siege gegen die Türken, die triumphalen Heimkünfte des Feldherrn, die prachtvollen Feste, bei der sich die ganze Stadt in einer Bühne verwandelte. Die Zeichen des Niedergangs waren zwar schon sichtbar, aber mit ein wenig Mühe auch anders zu deuten: Nach dem Tod des Kurprinzen Joseph Ferdinand hätte der Kurfürst seine gefährlichen Träume begraben und sich von nun an um sein Land kümmern können. Und dass in Schleißheim gerade die neu errichtete Residenz wegen baulicher Schlampereien zusammenbrach, hätte eine neue Ära der Besonnenheit und der Vernunft einleiten können. So hätte es kommen können. Zumindest konnte man sich das im Jahre 1702 noch einreden.

St. Peter war Kirchmayrs Leben. Er kannte jede einzelne Kapelle, jede Reliquie, jedes Gemälde. Für dieses Haus hatte er beinahe 49 Jahre gearbeitet und gekämpft. Dass er hier auch noch seine Sekundiz, das 50-jährige Priesterjubiläum, hatte begehen dürfen und dass dieser Feiertag ausgerechnet ins Zäsurjahr 1700 fiel, wird er als Gnade empfunden haben. Mit seinem Leben und mit der Zeit, in der er dieses Leben hatte führen dürfen, konnte er zufrieden sein. Den Verstorbenen nannte der Dechant von Kronegg einen *venerabilis senex omnibus charus* – einen ehrwürdigen Alten, der allen lieb gewesen sei.[93]

Im Exil mit dem Herrscher

Die auf den Band von 1688 folgenden Soldbücher führen den Maultierknecht unter dem Namen „Machmet". Er steht jeweils in der Rubrik „Stallpartey" mit seinem jährlichen Sold von 76 Gulden. Für das Jahr 1705 aber weisen die Bilanzen einen Bruch auf. Einzig dieses Jahr dokumentierte das Hofzahlamt in zwei Büchern. Im ersten, gültig für die Monate Januar bis Mai, wird Machmet noch aufgeführt. Im zweiten, das die Monate Juni bis Dezember abdeckt, fehlt sein Name. So wie die Namen von mehreren hundert anderen Knechten, Lakaien, Räten, niederen und höheren Angestellten des bayerischen Hofes.

Die beiden Bücher markieren exakt die historische Katastrophe, die Bayern damals ereilte.[94] Im Mai 1705 marschierten kaiserliche Truppen in München ein und übernahmen die Herrschaft. In den Jahren zuvor nämlich hatte sich Kurfürst

Max Emanuel vom Verbündeten des Kaisers zu dessen Gegner und Herausforderer gewandelt. Nach dem Tod seines Sohnes und möglichen spanischen Thronfolgers glaubte der bayerische Herrscher nur noch an der Seite des französischen Königs den ersehnten Machtzuwachs und eine dynastische Aufwertung erlangen zu können. Max Emanuel kehrte aus Brüssel nach Bayern zurück und wagte einen hochriskanten militärischen und politischen Einsatz. Er ging mit seinem Heer gegen freie Reichsstädte in Bayern vor. Für einen kurzen historischen Moment rückte er sein Kurfürstentum tatsächlich in den Mittelpunkt der Weltpolitik. Ja, es gab Pläne, von Bayern nach Wien vorzurücken und das Kaiserreich im Herzen zu treffen. Max Emanuel, der einstige Retter des allerhöchsten christlichen Herrschers, galt im Spanischen Erbfolgekrieg als höchst gefährlicher Feind des Kaisers. Ein Gegenspieler allerdings, der sich und sein Land dann doch bald verspielte. 1704, nach seiner Niederlage bei Höchstädt, musste Max Emanuel die Flucht ergreifen und sich mit einem Teil des Münchner Hofstaats ins Exil zurückziehen, zunächst nach Brüssel, in die Hauptstadt der Spanischen Niederlande.

Mit dem Einzug der Kaiserlichen in München verlor der Wittelsbacher die Kontrolle über Bayern und über seinen dort verbliebenen Machtapparat. Hatte das Hofzahlamt bis zu diesem Zeitpunkt noch den Sold für sämtliche Bedienstete, auch für jene in Brüssel, übernommen, so wurden die Zahlungen an die Exilanten von den neuen Machthabern in München sofort eingestellt. Und so verschwanden die Namen der Mitglieder des Brüsseler Hofes aus den bayerischen Soldbüchern.

Erst 1715, als Max Emanuel nach einem Jahrzehnt des Exils wieder in seine Herrschaft eingesetzt wurde und mit dem

Teil des Hofstaates, der ihn auf seiner Flucht begleitet hatte, nach München zurückkehrte, listete das Zahlamt wieder sämtliche Soldempfänger auf. Im Soldbuch von 1715, dreimal so dick wie die Bände der vorherigen zehn Jahre, tauchen all die Namen der Lakaien, Musikanten, Knechte, Gondolieri, Komödianten, Leibmedici, Kammerdiener und Räte wieder auf, die 1705 von der Lohnliste gestrichen worden waren. Arbeiteten im bayerischen Marstall während der Okkupationszeit in manchen Jahren nur 29 Personen, so bestand die „Stallpartey" im Jahr 1715 wieder aus über 130 Bediensteten. Auf Seite 122 führt das Soldbuch auch wieder den osmanischen Maultierknecht. Er hieß allerdings seither Anthoni Achmet. Der Taufname hatte sich durchgesetzt.[95]

Zusammen mit den Matrikeleinträgen ergeben die Notizen der Soldbücher den Lebensweg Anton Achmets – zumindest die Wegstrecke, die er als Christ zurücklegte: Im August 1684 empfing er die Taufe. Im Januar 1688 wurde er als Maultierknecht im Hofstall angestellt, wenige Tage später heiratete er. 1691 gebar ihm seine Frau Maria Kunigunde den Sohn Andreas. Im Spätsommer 1704 verließ Anton Achmet zusammen mit einem Teil des Hofstaats die Residenzstadt München, um mit dem Kurfürsten nach Brüssel zu fliehen. Der Knecht folgte seinem Herrscher. Nach der Niederlage eines französisch-bayerischen Heeres gegen die mit dem Kaiser verbündeten Engländer bei Ramillies im Mai 1706 waren die Niederlande für die französische Seite verloren. Max Emanuel musste Brüssel räumen, er zog sich auf die Festung Mons zurück, von dort übersiedelte die bayerische Exilregierung nach Compiègne (1709), um schließlich zwischen 1711 und 1714 in Namur Unterschlupf zu finden – ein machtloser Kurfürst mit Beratern, die keinen Rat mehr wussten, und einem Haufen Lakaien und Knechten, die meist vergeblich auf Verpflegung und Sold hofften.

Auf seiner Reise tief in den Westen der christlichen Welt wird Achmet den Kurfürsten auch bei dessen Aufenthalten in St. Cloud und Versailles begleitet haben. Auch am Hof des Sonnenkönigs Ludwig XIV. dürfte der frühere türkische Soldat zu Gast gewesen sein. Im April 1715, das Glück des Krieges und der Diplomatie hatten sich im Sinne Max Emanuels gewendet, kehrte Anton Achmet im Gefolge des Kurfürsten nach München zurück.

Wahrscheinlich aus den Spanischen Niederlanden oder aus Frankreich brachte der Knecht eine neue Frau, Maria Juliana, mit.[96] War seine Frau Maria Kunigunde während des Exils gestorben? Hatte sie ihn begleitet oder war sie in München geblieben? Achmet jedenfalls hatte zwar in den zehn Jahren zuvor die demütigende und entbehrungsreiche Flucht des Kurfürsten mitertragen, die Schrecken der kaiserlichen Besatzungszeit in München – insbesondere das Massaker an den aufständischen Bauern im Jahr 1705 – hatte er nicht erlebt.

Vor der Katastrophe hatte auch ein anderer Wahlbayer, Lucas Michaelowitz, das Kurfürstentum verlassen. Während aber Achmets Weg tief in den Westen führte, blieb der Dolmetscher in Kontakt mit dem Morgenland. Er geleitete türkische Botschafter nach Wien und wieder zurück ins Osmanische Reich. Er wohnte nicht in Wien, sondern in der Donaustadt Peterwardein im Süden Ungarns. Im Sommer 1707 starb Lucas Michaelowitz.[97]

Er war weit herumgekommen. Von Belgrad über Istanbul, München, Brüssel und Wien hatte ihn sein Weg in die von Gott verlassene Zone zwischen dem Christentum und dem Islam

Rückkehr Max Emanuels aus dem Exil 1715; das Bild von Joseph Vivien feiert die Wiedervereinigung des Kurfürsten mit seiner zweiten Gemahlin Therese Kunigunde und seinen Kindern in einer prächtigen und fröhlichen Allegorie. In Wirklichkeit kehrte der Herrscher in ein geschundenes und erschöpftes Land zurück. Öl auf Leinwand, 1733

geführt. Er hatte einige der größten Gemetzel seiner Zeit erlebt, war in Wien dabei, in Ofen, Mohács und Belgrad. Er war Herrschern, Schlächtern und Hasardeuren begegnet. Mehrfach hatte er sein Leben eingesetzt, war in Ofen beinahe massakriert und vor Belgrad beinahe erschossen worden.

Ob er mutig war? Er war ziemlich kaltblütig. Ob er klug war? Er war verdammt schlau. Ob er glücklich war? So hätte er diese Frage nie gestellt. Ihn interessierte, ob er seinen Anteil bekam. Seinen Anteil an Ruhm, Geld und Leben. Glück war einfach etwas, das er herausforderte. Manchmal gewann er, und manchmal gab es für ihn nichts mehr zu gewinnen. Er kam immer mit dem Leben davon, bis das Leben ihn in die Festung Peterwardein verschlug, die über ein wüstes und von Heerzügen geschundenes Land wachte. Der Posten eines „Grenzdolmetschers" passte zu ihm. Im Zwischendrin war er zu Hause – zwischen den Sprachen, zwischen den Armeen und zwischen den großen Mächten. Um nicht zerrieben oder vergessen zu werden, das wusste er genau, musste er auf sich und seine Sache aufmerksam machen. In einem seiner zahlreichen Bittbriefe an den bayerischen Kurfürsten listete er in 16 Punkten seine Fertigkeiten auf. Michaelowitz beteuerte, er könne unter anderem türkische Bettdecken machen, türkischen Scherbeth, türkische Krummbögen, türkische Pfeile, türkische Tobackspfeifen aus Leder und türkisches Zaumzeug. Er könne Pantoffeln mit Gold und Silber besticken, verrostete Damaszener Klingen putzen, auch könne er heilkräftige Wasser zubereiten – nicht zu vergessen: einen „trefflichen Schlagbalsam". „In Summa", so schloss der Stellensucher sein rührendes Bewerbungsschreiben, „weß meine Augen sehen, getrauen sich die Hendt zu machen, dabey die freien Künste ausgenommen."[98]

Da stand einer auf der Bühne und pries sich an. Wenn *er* es nicht tat, wer denn sonst? Wer gehört werden wollte, musste seine Stimme erheben. Und wer das nicht mehr konnte, wurde eben vergessen. 1707 in Peterwardein gestorben – das passte zu ihm. So wie es zu ihm passte, dass er auf dem Bild im Viktoriensaal nicht zu sehen ist. Er war vergessen worden.

Und sie? Verschwand auch Maria Antonia Josepha, die einst ihr Dasein als Fatma abgelegt und sich unter den Schutz einer Fürstin begeben hatte, spurlos aus einer Welt, in der es nun mal keinen Schutz gab, schon gar nicht für die Witwe eines Grenzdolmetschers in Peterwardein? Zwei Jahre nach dem Tod ihres Mannes heiratete sie erneut – sie war damals 38 oder 39 Jahre alt. Ihr zweiter Mann arbeitete als Musterschreiber in einem türkischen Regiment. Er war ein Muslim. Die konvertierte Christin wechselte also noch einmal die Seiten. Sie zog mit ihrem neuen Mann ins Osmanische Reich und kehrte zum Islam zurück.[99]

Ein ungeheuerlicher Akt, ein Beben, das noch viele hundert Kilometer entfernt registriert wurde. Der Wiener Hofkriegsrat empörte sich über die Witwe des Michaelowitz, die es gewagt hatte, sich einen „ganz jungen Kerl" zu nehmen und Gott gegen Allah einzutauschen.

Aus der Sicht des Islam hatte sich die Frau durch ihren Wechsel zum Christentum einer todeswürdigen Sünde schuldig gemacht, und aus der Sicht des Christentums war ihre Seele, die doch durch die Taufe so glorios gerettet schien, nun wieder dem Teufel verfallen. Dass der Wechsel des Glaubens gerade im Barock mit so extremen Urteilen belegt war, bedeutet nicht, dass Konversionen damals nur höchst selten vorkamen.

Im Gegenteil – ein Kennzeichen des Barock ist ja gerade,

dass die Grenzen zwischen den Konfessionen und Religionen durchlässiger wurden. Protestanten verwandelten sich in Katholiken, Katholiken wechselten zu Luther oder Calvin, Juden bekannten sich zu Christus – Christen wurden im Osmanischen Reich zu Muslimen, und Hunderte, wenn nicht Tausende gefangene Türken ließen sich in Wien, München, Dresden und anderen Städten des Römischen Reichs taufen. Es war insbesondere die katholische Kirche, die nach dem Schock der Reformation wieder in die Offensive ging und den Wechsel zur wahren Konfession propagierte. So bedeutete die Taufe eines Juden, Protestanten oder Türken eben nicht nur eine gerettete Seele, sondern einen Sieg im Wettbewerb der Erlösungslehren. Mit ihrer Rekonversion hatte Fatma nicht nur die Unsterblichkeit ihrer Seele verspielt – nein, sie hatte die katholische Kirche blamiert.

Das Bayerische Hauptstaatsarchiv verwahrt einen Prüfvorgang der Bayerischen Hofkammer aus dem Jahre 1719.[100] Im Juni hatte „Maria Anna Michalowiz", Witwe des gewesten „kurbayerischen Dollmetsch der orientalischen Sprachen", dem Kurfürsten einen Brief geschrieben und um Geld gebeten. Zweimal sei sie während der türkischen Kriege „abgebrannt" und habe ihre sämtlichen „Habschaften verloren" – einmal in Baja, ein andermal bei der Schlacht um Karlowitz. Zwar habe ihr der Kaiser ein jährliches Gnadengeld von 500 Gulden zugesagt, sie habe sich aber in den vergangenen zwei Jahren verschuldet und benötige nun finanzielle Unterstützung für eineinhalb Jahre.

Auch wenn der Brief nicht unbedingt von ihr selbst verfasst sein muss und auch wenn ehrende und huldigende Formulierungen in den Briefen jener Zeit zu den unabdingbaren Ritualen zählten, so berührt doch der demütige Ton, mit dem die Bittstellerin sich dem Fürsten in Erinnerung rufen wollte. Sie sei jenes „alleinig glückseelig thürkische Mägdlein", das nach der Eroberung von Ofen unter so vielen Tausenden von „Euer Churfürstlichen Durchlaucht" christlich erzogen und später mit dem „Dollmätscher der orientalischen Sprachen" verheiratet worden sei. Der Kurfürst, so schrieb sie weiter, sei für sie ein Vater, der sie christlich taufen und erziehen ließ. Inbrünstig bitte sie, er möge sich, so wie damals, ihrer als eines „verlassenen ausländischen waibleins" erbarmen.

Nur indirekt ging sie auf ihre aktuelle Lage ein: Sie verglich sich mit dem Mädchen nach der Eroberung von Ofen. Sie war wieder allein, hatte also ihren Mann verloren. Sie nannte sich eine Ausländerin – das bezog sich auf ihren Wohnort und vielleicht auch auf ihren Religionswechsel. Deutlicher wurde sie nicht. Ihre Bitte jedenfalls hatte Erfolg. Die Hofkammer schlug dem Fürsten vor, er möge der Frau *semel pro semper* (ein für allemal) fünfzig Reichstaler oder hundert Gulden auszahlen. Die Räte hatten zuvor in den alten Akten nachgesehen, um sich ein Bild von dem verstorbenen Dolmetscher zu machen. In den ungarischen Feldzügen, so notierten sie, habe der Mann treue Dienste geleistet und bei mehreren Gelegenheiten Bravour bewiesen. Auch habe der Kurfürst die Bittstellerin tatsächlich einst nach Eroberung der Festung Ofen „und nach erlangter Instruktion" zur heiligen Taufe führen lassen. Vom nochmaligen Religionswechsel der Witwe Michaelowitz hatten die Räte offenbar nichts gehört. Dass sie ihre Rückkehr zum Islam nicht ausdrücklich erwähnte, kann man ihr kaum zum Vorwurf machen. Sie hatte sich eben zu Wort gemeldet und ihre Sache geschickt vertreten. So holte sie sich fünfzig Taler – und konnte sich wieder einige Wochen über Wasser halten. Lucas Michaelowitz wäre stolz auf sie gewesen.

Schicksale der Verschleppten

Der 16. Juni ist für München ein besonderer Tag. Es ist der Namenstag des Stadtheiligen Benno. Am 16. Juni 1688 wurde in der Peterskirche der Osmane „Alli" auf den Namen Johann Benno Alli getauft. Der Kurfürst selbst übernahm die Patenschaft für diesen Neumünchner (er ließ sich bei der Zeremonie auch hier von einem Hoflakaien vertreten). Über das weitere Leben von Benno Alli wissen die Matrikelbücher einiges zu berichten. Der frühere Muslim, 1686 nach der Schlacht um Ofen gefangen genommen und nach Bayern verschleppt, arbeitete in der Küche des Hofes als „Abspüler" und „Vogelrupfer". Zweimal heiratete er. Seine erste Frau verstarb bald, seine zweite gebar ihm drei Söhne. 1720 starb Benno Alli. Wie seine sieben Jahre zuvor verstorbene Frau, die ebenfalls bei Hofe abgespült hatte, wurde der Konvertit außerhalb der Mauern, also

auf dem Südlichen Friedhof beerdigt. Da er laut Matrikeleintrag im Alter von vierzig Jahren die Taufe empfangen hatte, wurde er über siebzig Jahre alt.[101]

Einen großen Teil seines Lebens hatte er als Christ in München zugebracht. Dort hatte er gearbeitet, eine Familie gegründet, seine Söhne heranwachsen sehen, zwei Gattinnen zu Grabe getragen. Dort muss er Zeuge großer Prachtentfaltung und großen Leids gewesen sein: Am 4. Februar 1690 – nur zwei Tage nach Bennos erster Hochzeit – stattete der Kaiser dem Schwiegersohn Max Emanuel einen Besuch ab. München verwandelte sich in die Bühne eines gewaltigen Festes. Es sollte für die Residenzstadt die letzte derartige Feierlichkeit in jenem Jahrhundert sein. 1705 wurde sie von kaiserlichen Truppen besetzt. An Weihnachten desselben Jahres wurden mehr als tausend aufständische Bauern bei Sendling niedergemacht. Benno Alli überstand die Hungersnöte nach den katastrophalen Weizenernten der Jahre 1709, 1712 und 1714. Im nämlichen Jahr überlebte er die Pest in der Stadt.

Als alter Mann wird er 1717 den Aufbruch eines Heeres von 5000 bayerischen Soldaten verfolgt haben. Es ging, zum zweiten Mal nach 1688, gegen Belgrad. Nach dem Sieg der christlichen Truppen unter dem kaiserlichen Heerführer Prinz Eugen hörte Benno von den Kirchtürmen der Stadt das Triumphgeläut. Die Münchner versammelten sich im Alten Hof zum Lobgesang auf den Sieg gegen die Osmanen. Sang auch Benno Alli das *Te Deum laudamus*? Betrachtete sich der Mann aus Ofen noch als „gewesten" Türken? Starb er als gebrochener oder glücklicher Mann?

Immer wieder dieselbe Falle. Immer wieder die Frage nach dem Glück oder Unglück dieser Menschen, als ob sich nur so ein Maß angeben ließe, mit dem eines dieser Leben als gelungen und ein anderes als gescheitert zu beurteilen wäre. Dabei lehrt gerade Benno Alli, wie flüchtig biografische Attribute sind. Vom Dasein des Benno Alli berichten einzig die alten Kirchenbücher. Und dort ist es jeglicher Wertung entkleidet. Ob er jemals begeistert, einsam, zufrieden, verzweifelt oder gar glücklich gewesen war, interessierte die geistlichen Buchführer nicht. Sie notierten die Taufe, die Heiraten, die Geburt der Kinder, seinen Tod. Sie nannten die Namen der Frauen, der Kinder, der Paten. Sie hielten seine Herkunft fest und den Ort seiner letzten Ruhestätte. Sie vermerkten seinen Beruf, sein ungefähres Alter – und, am wichtigsten, sie hielten seinen neuen Namen fest.

Viele Fragen bleiben offen. Hielt der Neumünchner Benno Alli Kontakt mit seinen Landsleuten, die in der Fabrik arbeiteten? Blieb er, als der Kurfürst mit Teilen des Hofstaats nach Brüssel umzog und später ins französische Exil fliehen musste, an der Seite Max Emanuels? Wusste Benno Alli von dem kurfürstlichen Sänftenknecht, der wie er selbst dem muslimischen Glauben und dem alten Namen hatte absagen müssen? Hatte er ihn womöglich kennengelernt?

Solche Auskünfte verweigern die Matrikeleinträge. Alles Zufällige, alles, was ein Leben heiter, trüb oder beschwerlich macht, sucht man vergebens. Übrig bleibt nur das nackte Sein, Anfang und Ende, und auch diese Daten nur als Hinweise darauf, dass der Tag der Geburt und die Stunde des Todes keine Bedeutung besitzen. Es geht nur um eines – nur um den Namen.

Wenn sich die Kraft des Glaubens auf irgendeine Weise manifestiert, dann in jenem Akt des Sprechens, auf den die Taufe verweist. Der Gott (welcher Religion auch immer) gibt dem Menschen einen Namen. Er ruft ihn damit auf, macht ihn zu seinem Gegenüber, verwandelt ihn zum Ansprechpartner – zum Du. Alle Hoffnungen (welcher Religion auch immer) sind mit dieser Nennung verbunden – und mit ihr bereits eingelöst. Der Name birgt das Geheimnis.

Warum es also nicht beim Namen bewenden lassen? Wohl deshalb, weil der Sache nicht zu trauen ist. Auch weil es hier nicht um Erlösung zu tun ist, sondern um Erinnerung. Namen allein genügen nicht. Wer sich erinnern will, der sucht eben nach den Konturen eines Lebens, nach Herkunft, Beruf, Krankheiten – den Schlägen des Schicksals und den Narben, die von diesen Schlägen erzählen.

Dann und wann findet sich mehr als Tauf-, Heirats- und Sterbenotizen in den Matrikeleinträgen, schmuggeln sich weltliche Informationen in die geistlichen Seinsbilanzen. Berufe werden dort aufgeführt, die Namen der Herkunftsländer, Weichenstellungen in den jeweiligen Biografien. Auch konnten oder wollten etliche Priester, wenn sie die Spendung der Sakramente verzeichneten, ihr Interesse an den einzelnen Lebensläufen offenbar nicht verbergen.

Im Matrikelbuch von St. Peter etwa steht ein Taufeintrag vom 8. November 1686. Ein fünfjähriges Mädchen, Zeripha, das zu dem großen Gefangenen-Haufen aus Buda gehörte, wechselte an diesem Tag den Glauben und den Namen. Von nun an sollte die junge Neu-Christin Maria Barbara heißen. Doch warum war das Kind überhaupt getauft worden? Und warum so kurz nach der Ankunft? Der Eintrag gibt die Antwort. Das Mädchen schwebte in Lebensgefahr. Die Nottaufe, die im Zeughaus stattfand, sollte offenbar die Seele des erkrankten oder verwundeten Kindes vor der Verdammnis bewahren.[102]

Schon allein deshalb, weil eine Hälfte dieser Seele, so musste es der für den Eintrag verantwortliche Geistliche beurteilen, ohnehin dem wahren Glauben zugehörte. Zwar war der Vater des Kindes ein Türke, die Mutter aber war als Christin geboren. Bei der Eroberung der ungarischen Grenzfestung Neuhäusl war sie in die Hände der Osmanen gefallen. Da sie später mit einem Türken zusammenlebte und diesem eine Tochter gebar, die als Muslimin heranwuchs, wird die Frau selbst auch zum Islam konvertiert sein. Der Taufeintrag von St. Peter gibt keine sichere Auskunft, ob Zeripha mit oder ohne ihre Eltern nach München kam. Immerhin: Jemand hatte dem Geistlichen von St. Peter von der Herkunft des Mädchens berichtet – und dieser Jemand kannte den christlichen Namen von Zeriphas Mutter: Christiana Sophia. So darf vermutet werden, dass zumindest ein Verwandter der Fünfjährigen, vielleicht ja die Mutter, zu den osmanischen Gefangenen in München zählte.

Zeriphas Mutter führte ein Leben als Grenzgängerin. Man zwang sie zum Glaubens- und zum Ortswechsel. Mal galt sie als gefangen, mal als frei. Mal galt sie als Christin, mal als Muslimin. Doch wann war sie frei? War sie in Neuhäusl frei, während die Festung über Jahre von den Osmanen belagert wurde? War sie frei, nachdem sie Muslimin geworden war und mit einem Türken eine Familie gegründet hatte? Oder war sie frei, als christliche Soldaten Buda eroberten, ihren Gatten töteten und sie zusammen mit ihrer Tochter nach München brachten?

War jene Türkin frei, die am 17. Januar 1688 im Kloster Attl bei Wasserburg die Taufe empfing? Der lateinische Matrikeleintrag weiß zu berichten, dass bei der Eroberung der Stadt ihre Eltern und ihr Ehemann, mit dem sie fünf Jahre verheiratet war, starben. Die Witwe gehörte zum Treck der nach Bayern verschleppten Osmanen und war – aus welchen Gründen auch immer – in Wasserburg geblieben. Die Konversion geschah als Nottaufe. Auch diese hochschwangere Türkin, die den christlichen Namen Maria Catharina erhielt, schwebte in Lebensgefahr. Einen Tag später brachte sie einen Sohn zur Welt, er wurde auf den Namen Johann Sebastian getauft. Angeblich, so notierte ein Geistlicher in dem Matrikelbuch, war der Vater des Kindes ein Reiter. Der Mann hatte die Türkin im Frühjahr 1687 geschwängert – damals weilte die aus Buda Verschleppte erst einige Monate in Bayern. Nur Gott, so heißt es in dem Eintrag, wisse, wer dieser Mann sei.[103]

Wann begann für den Mann aus Babadag das Leben in Freiheit? War er frei, als er mit den Janitscharen an der Donau entlang nach Wien zog? War er frei, als ihn vor der Kaiserstadt über Wochen der Gestank von Blut, Hunger und Tod umgab? War er frei, als ihm in der Kapelle des Münchner Zuchthauses ein wenig Wasser über den Kopf geschüttet wurde? Vielleicht sind dies ja die falschen Fragen. Vielleicht ging es in seinem Leben und in den Biografien all der anderen verschleppten Osmanen nie darum, eine neue Art der Freiheit zu erlangen. Vielleicht lag die Freiheit niemals vor ihnen, sondern immer bereits hinter ihnen. Irgendwo – bei Buda, Belgrad oder Babadag.

Sie mussten sich auf ihr neues Leben einlassen. Sie konnten versuchen, sich zurechtzufinden. Um was zu erreichen? Um irgendwann auch dieses neue Leben als ihr eigenes anzuerkennen. Als eines, das man besser nicht verlieren sollte. Nicht wegen des wiedererlangten Glücks (welches Glück ließe sich schon wiedererlangen?), sondern einzig deshalb, weil es eine Atempause versprach. Man konnte sich vorbereiten. Auf den nächsten Verlust.

Letzte Spuren der Achmets

Er hat über dem südlichen Seitenschiff Posten bezogen, in dem langen Raum, der vom Balkon bei der Sakristei, wo früher die kurfürstliche Familie den Gottesdienst verfolgte, bis zum Turm führt. Einst war er prächtig bemalt. In den Feuern der Bombennächte 1944 oder 1945 muss sein Farbenkleid abgeplatzt oder geschmolzen sein. Er verlor Augen, Arme und Flügel. Sein Körper ist von Brandnarben gezeichnet. Als er aus dem Äther des Barock herabgestiegen war, mag es sein Auftrag gewesen sein, in irgendeiner Münchner Kirche den Altar zu hüten.

Heute wacht das versehrte Himmelsgeschöpf über Hunderte blaugraue Pappschachteln, die, in stählernen Regalen aufgereiht, die Geschichte der Pfarrei St. Peter bewahren: Akten der Dechanten und Kooperatoren, Korrespondenzen mit geistlichen und weltlichen Räten, Orden, Fürsten und Bischöfen, Eingaben der Gläubigen, Buchhaltungen der Bruderschaften und Benefizien, Gebetsordnungen in Friedens-, Pest- und Kriegszeiten, Ablassverfügungen – wenn der wieder einmal durch Blitz zerstörte Bau nach Pilgern und deren Spenden verlangte.

Der aschgraue Invalide, der hier Asyl gefunden hat, ist mit allen Texten vertraut. Als er und sein Regiment der in Purpur, Azur und Gold gewandeten Weltenretter, Heiligen und Erzengel die Stadt verteidigte, entstanden in Kanzleien und Klosterzellen, in den Räumen der Residenz, des Freisinger Bischofssitzes und eben auch im Pfarrhof von St. Peter jene Tintenmuster, die für den heutigen Betrachter auf den ersten (und auch auf den letzten) Blick wie orientalische Ornamente wirken. Mag sein, dass jemand auf der Suche nach Hinweisen zu Anton Achmet das Archiv der Kirche betritt und Stunden damit zubringt, in den Schnörkeln, Bögen und Girlanden irgendwelche Buchstaben zu erkennen. Er bastelt daraus Wörter und stolpert von Zeile zu Zeile. Draußen, über dem Viktualienmarkt, bezieht derweil die Dunkelheit Stellung, und drinnen wacht der blinde Engel von St. Peter. Überlebensgroß und allwissend.

Für den Besucher dagegen ließen die Jahrhunderte nur wenige abgeschliffene Steine übrig. Mit wenigen Namen und Daten muss er auskommen. Dreimal taucht Anton Achmet in den Büchern von St. Peter auf: anlässlich seiner Taufe, seiner Hochzeit und seines Todes. Am 19. April 1727, also zwei Tage nach seinem Ableben, protokollierte ein Geistlicher im Sterbebuch die Beerdigung des kurfürstlichen Maultierknechts Anton Achmet. Der Sterbende habe noch die Sakramente empfangen. Seine Leiche sei *extra muros*, also auf dem Südlichen Friedhof außerhalb der Stadtmauern, bestattet worden. Noch zwei Nachrichten packte der Priester in dem Matrikeleintrag: Ach-

Seite aus dem Sterbematrikel von St. Peter;
die Notiz zum Begräbnis des Achmet Anthoni am 19. April 1727
(die siebte Position von unten) hält fest, dass der Maultierknecht neben der
Dreifaltigkeitkapelle, also nahe beim Zuchthaus, gelebt habe.

met sei verheiratet gewesen und habe „negst 3faltigkeit" gelebt.[104] Den Tod des Anthoni Achmet verzeichnet auch das Soldbuch des Jahres 1727 auf Seite 219 verso.

> *Ist den 17. April gestorben, Gemäß einer Order vom 6. Mai des Jahres ist des Achmet hinterlassene Wittib Maria Juliana das 2. Quartal, in welchem er gestorben, bewilligt worden.*[105]

Neben den Zeilen ist ein Kreuzzeichen zu erkennen. Besonders wertvoll ist der Hinweis auf Antons Wohnort, der sich im Sterbematrikel findet. Denn trotz ihrer Kürze ist die Angabe „negst 3faltigkeit" verblüffend genau. Die Dreifaltigkeitskirche im Norden der Stadt, schräg gegenüber der Herzog-Max-Residenz, konnte der Priester unmöglich gemeint haben. Hätten die Achmets dort gewohnt, so hätten sie zur Pfarrei der Kirche Unsere Liebe Frau gezählt – und Anton Achmet wäre von dort zu Grabe getragen worden. Achmet aber lebte (und starb) in der Pfarrei von St. Peter, und zu diesem Teil der Stadt gehörte damals die kleine Dreifaltigkeitskapelle beim Heiliggeistspital. Die Kapelle stand bei einem Friedhof, am südlichen Ende der Fischergasse.

Im Zusammenhang mit der Familie Achmet wird die Fischergasse tatsächlich einmal genannt – im Sterbeeintrag von Antons Sohn Andreas heißt es 1749, dieser sei „wohnhaft im Fischergässel" gewesen.[106] Lebte demnach auch Anton Achmet in jener Gasse, die ja direkt „negst 3faltigkeit" lag? Die Kapelle ist längst abgerissen, so wie die Mauern der Stadt. Die Fischergasse aber existiert noch, auch wenn sie ihren Namen verloren hat und nicht mehr zugänglich ist. Sie verläuft parallel zur Heiliggeistgasse als langgestreckter Hof zwischen zwei Häuserblöcken. Die Heiliggeistgasse mündet auf eine kleine Freifläche, die durch einen Häuserblock vom eigentlichen Markt getrennt ist. Dies ist der Dreifaltigkeitsplatz. Im 17. Jahrhundert stand hier die Kapelle, inmitten eines kleinen Gräbergartens. Das Areal war von einer Mauer umschlossen. Auf dem Stadtplan von Tobias Volckmer aus dem Jahr 1613 sind das Grundstück, das Gebäude und die Mauer gut zu erkennen.

Seit dem Mittelalter waren in dieser Gegend die Fischer der Stadt ansässig. Sie verkauften ihre Ware auf dem Platz unmittelbar bei der Dreifaltigkeitskapelle. Nur wenige Schritte südwestlich der Kapelle standen, als Teile der Stadtbefestigung, der Schaibling und der Fischerturm. Von 1682 bis 1800 gehörten diese beiden Türme zum Komplex des Zuchthauses. Der Christ Anton Achmet lebte und starb demnach am äußersten Rand der Stadt, in direkter Nachbarschaft zu dem Gebäude, in dem er einst getauft worden war, dem Zuchthaus.

Nachfahren von Anton Achmet lassen sich in München über zwei Generationen belegen. Der letzte Matrikeleintrag im Zusammenhang mit der Familie Achmet betrifft Antons Enkel und datiert auf den 20. Juni 1792.[107] In Paris stürmten an jenem Tag Aufständische die Tuilerien, bedrohten Ludwig XVI. Der König wurde gezwungen, sich auf einem Balkon des Schlosses zu zeigen – eine rote Jakobinermütze auf dem Kopf, den er nur noch ein halbes Jahr würde behalten dürfen.

An jenem Mittwoch trug man in München den Leichnam des verwitweten Hoflakaien Franz-Ludwig Achmet, der 71 Jahre gelebt hatte, aus der Stadt hinaus – *extra muros*, auf das Gräberfeld jenseits des Sendlinger Tors, zum Alten Südlichen Friedhof, wie er heute heißt.

Der äußere Münchner Friedhof; auf dem Gottesacker außerhalb der Stadtmauern wurden Anton Achmet beerdigt. Kupferstich von Johann Stridbeck dem Jüngeren, um 1697

Anmerkungen

1. Gertrud Stetter hat über viele Jahre zu Michael Wening geforscht. Ihre wichtigste Arbeit zur Biografie des Kupferstechers ist der Katalog zur Wening-Ausstellung im Münchner Stadtmuseum, auf den sich auch dieser Text bezieht. Gertrud Stetter, *Michael Wening – Der Kupferstecher der Max-Emanuel-Zeit*.
2. Ludwig Hüttl, *Max Emanuel – der blaue Kurfürst*, S. 493.
3. Helmuth Stahleder, *Chronik der Stadt München*, Band 2, S. 641.
4. Ernest Geiß, *Geschichte der Stadtpfarrei St. Peter in München*, S.108.
5. Instruktion der Münchner Sänftenträger von 1688, Handschriftenabteilung der Bayerischen Staatsbibliothek, Cgm 2093.
6. Die schriftliche Citation findet sich im Bayerischen Kriegsarchiv unter der Signatur Kriegsarchiv Alter Bestand B Türkenkriege 8b fasc III, Nr. 45.
7. Kriegsarchiv Alter Bestand B 8 b, Nr. 44; der Bogen des Protokolls trägt den Titel: „Interrogatoria – Worüber die ins Zuchthaus gebrachten zwei gefangenen Türken examiniert worden den 22. Januar 1684".
8. Heinz W. L. Doering, *Das alte Münchner Zuchthaus*.
9. Lorenz Westenrieder, *Beschreibung der Haupt- und Residenzstadt München*, S. 274 ff.
10. Andrzej Stasiuk, *Unterwegs nach Babadag*, S. 256.
11. Machiel Kiel, *Studies on the Ottoman Architecture of the Balkans*, S. 220.
12. www.islaminstitut.de
13. Godfrey Goodwin, *The Janissaries*, S. 36.
14. Das Panzerhemd des Mustafa Pascha ist abgebildet in dem von Ernst Petrasch und anderen herausgegebenen Katalog *Die Karlsruher Türkenbeute* auf S. 85.
15. Godfrey Goodwin, *The Janissaries*, S. 40.
16. Walter Sturminger (Hrsg.), *Die Türken vor Wien in Augenzeugenberichten*, S. 26.
17. Ebenda, S. 26.
18. Ebenda S. 364 f.
19. Diese Schätzung findet sich bei Thomas M. Barker, *Doppeladler und Halbmond*, S. 319. Bei Walter Sturminger, *Die Türken vor Wien in Augenzeugenberichten*, heißt es auf S. 348, allein bis zum 7. September seien aufseiten der Osmanen 48 544 Männer gefallen.
20. Zitiert bei Thomas M. Barker, *Doppeladler und Halbmond*, S. 319.
21. Heller wird zitiert bei Bernd Noack, *Karl Friedrich aus dem Morgenland*.
22. Ebenda.
23. Der polnische König erwähnt dieses Abschiedsgeschenk an den sächsischen Kurfürsten in einem Brief an seine Gemahlin. Die entsprechende Textstelle zitiert Holger Schuckelt in *Die Türkische Cammer* auf S. 174.
24. Dies ist festgehalten in einem Jahrbuch der Münchner Jesuiten (Archiv der Deutschen Provinz der Jesuisten, Nr. 5365, Signatur 41 – 6, München Collegium SJ, Annales Collegii Monacensis 1574–1708) auf Seite 682. Dort heißt es, die drei Türken seien in München getauft worden, einer von ihnen habe den Kurfürsten als Paten erhalten. Bei diesem Konvertiten handelte es sich um Anton Achmet.
25. Der Brief des Lucas Michaelowicz ist im Wortlaut abgedruckt bei Karl Spengler, *Münchner Historien und Histörchen*, S. 168.
26. Der Bericht des kaiserlichen Diplomaten über die Belagerung und den Entsatz Wiens wird in allen wichtigen Werken zu diesem Geschehen ausführlich zitiert – so auch bei Walter Sturminger, *Die*

Türken vor Wien in Augenzeugenberichten.
27 Die Arbeit von Karl Teply, *Die Einführung des Kaffees in Wien*, ist grundlegend.
28 Karl Teply, *Die Einführung des Kaffees in Wien*, S. 36.
29 Ebenda, S. 40 f.
30 Eberhard Straub, *Repraesentatio Majestatis*, S. 265 f.
31 Richard F. Kreutel/Otto Spies, *Der Gefangene der Giauren*, S. 68 und S. 157.
32 Bayerisches Hauptstaatsarchiv, Kriegsarchiv, Alter Bestand B 8 b, Nr. 44.
33 Zur Person des Großwesirs siehe insbesondere Richard F. Kreutel/Karl Teply, *Kara Mustafa vor Wien*, S. 289 ff.
34 Suraiya Faroqhi, *Als Kriegsgefangener bei den Osmanen*, S. 213; siehe auch den Eintrag vom 2. Juli 1683 im Tagebuch des Pfortendolmetschers – abgedruckt in Richard F. Kreutel/Karl Teply, *Kara Mustapha vor Wien*, S. 81.
35 Eberhard Straub, *Repraesentatio Majestatis*, S. 109 f.
36 Helmuth Stahleder, *Chronik der Stadt München*, Band 2, S. 652.
37 Bayerisches Hauptstaatsarchiv, Kriegsarchiv, Alter Bestand B 8 b, Nr. 44.
38 So lehrt ein Online-Rechner des Orientalischen Instituts der Universität Zürich.
39 Archiv der Erzbistums München und Freising, MM 102 Taufen St. Peter 1683–1689.
40 *Rituale Frisingense ex norma et ritu romano sumptum*, Regensburg 1673, S. 50.
41 Michael Wening, *Historico-Topographica Descriptio*.
42 Zu den Spuren osmanischer Einwanderer nach Kurbayern siehe insbesondere die Forschungsarbeiten von Hartmut Heller – etwa *Um 1700: Seltsame Dorfgenossen aus der Türkei*.
43 Das Gemälde ist abgebildet in: *Max Emanuel*, Katalog, Band II, S. 79.
44 Meister Johann Dietz, *Des Großen Kurfürsten Feldscher – Mein Lebenslauf*, S. 61.
45 Die Erlebnisse des Lucas Michaelowitz bei der Eroberung von Buda wurden durch Zeugen bestätigt, deren Aussagen in einem Bericht der Bayerischen Hofkammer an den Kurfürsten vom 20. Mai 1692 protokolliert wurden. Der Bericht wird zitiert bei Graf Topor Morawitzky, *Beiträge zur Geschichte der Türkenkriege 1683 bis 1688*, Band 2.
46 Ebenda.
47 Das Baubuch des Baustadelknechts Khornmesser in Wasserburg.
48 Taufen MM 8 Taufen ULF 1684–1699, Taufeintrag vom 8. Dezember 1686.
49 Alis Taufe: MM 102, Taufen St. Peter 1683–1689, fol. 248r; Alis erste Hochzeit: MM 33, Trauungen ULF 1687–1704, fol. 30r; die zweite Hochzeit im Jahre 1705: MM 34, Trauungen ULF 1704–1715, fol. 33v; Taufe seines ersten Kindes 1706: MM 9, Taufen ULF 1699–1711, fol. 160r; Taufe des zweiten Kindes 1708: MM 9, Taufen ULF 1699–1711, fol. 193r; Taufe des dritten Kindes 1711: MM 9, Taufen ULF 1699–1711, fol. 258v; Tod seiner zweiten Frau 1713: MM 55, Begräbnisse ULF 1687–1732, fol. 94v; Tod Alis 1720: MM 55, Begräbnisse ULF 1687–1732, fol. 24r.
50 Der Taufeintrag zu dem Mädchen „Fatma aus Ofen" findet sich in MM Taufen ULF Band 8 1684–1699 S. 83.
51 Das genaue Ankunftsdatum der 296 verschleppten Osmanen in München findet sich in einem Bericht der bayerischen Hofkammer vom 12. August 1687 an den

Kurfürsten; der Bericht liegt im Kriegsarchiv und ist abgedruckt bei Graf Topor Morawitzky, *Beiträge zur Geschichte der Türkenkriege 1683 bis 1688.*
52 MM 8, Taufen ULF 1684 – 1699, folio 62. Der Matrikeleintrag wird bei Ludwig Hüttl, *Max Emanuel – der blaue Kurfürst* auf S. 595 zitiert. Dort heißt es allerdings, der Türke sei beim Kanalbau eingesetzt worden. Hüttl muss den Hinweis über die Nähe des Wassers als Anspielung auf einen Kanal gedeutet haben. Mit dem Wasser ist aber eindeutig die Isar gemeint. Die türkischen Gefangenen arbeiteten an ihrem Ankunftstag in München auch noch nicht an irgendwelchen Kanälen.
53 Bayerisches Hauptstaatsarchiv, Kriegsarchiv, Akte Türkenkrieg B – 13 1686 I – 12.
54 Richard Bauer, *Das alte München*, S. 138.
55 Zum Ausgangsverbot der türkischen Gefangenen siehe Bayerisches Hauptstaatsarchiv, Kriegsarchiv, Akte Türkenkrieg B – 13 1686 I – 12.
56 Ebenda.
57 Maria Theodolinde Winkler, *Maria Ward und das Institut der Englischen Fräulein in Bayern.*
58 Siehe Anmerkung 35.
59 Das Memorandum vom 12. August 1687 wird ausführlich zitiert bei Graf Topor Morawitzky, *Beiträge zur Geschichte der Türkenkriege 1683 bis 1688.*
60 Ludwig Hüttl, *Max Emanuel – der blaue Kurfürst*, S. 30.
61 Graf Topor Morawitzky, *Beiträge zur Geschichte der Türkenkriege 1683 bis 1688.*
62 So etwa Franz Trautmann in *Heitere Münchner Stadtgeschichte von 1881*, S. 51 ff.
63 Herta Müller, *Atemschaukel*, S. 23 ff.
64 Der Taufeintrag findet sich in MM 102 Taufen St. Peter 1683–1689 67 verso.
65 Zur Biografie des Schriftstellers von Schmid siehe: Aldemar Schiffkorn, *Herman von Schmid. Ein bayerischer Volksschriftsteller aus Waizenkirchen (1815–1880)*.
66 Herman von Schmid, *Das himmelblaue Donnerwetter*, S. 256.
67 Ebenda, S. 162 f.
68 Vermerk von 1699 – Millauer will keine türkischen Gefangenen an Michalowicz abgeben; zitiert bei Graf Topor Morawitzky, *Beiträge zur Geschichte der Türkenkriege 1683–1688.*
69 Heinz W. L. Doering, *Das alte Münchner Zuchthaus.*
70 Die folgenden Ausführungen beruhen auf dem Beitrag von János J. Varga, „Ransoming ottoman slaves from munich (1688)", in: *Ransom Slavery along the ottoman borders.*
71 Die Heirat des Anton Achmet ist protokolliert in MM 131, Trauungen St. Peter 1670–1690, S. 287.
72 Bayerisches Hauptstaatsarchiv, Kurbayern Hofzahlamt Nr. 726, S. 158.
73 Handschriftenabteilung der Bayerischen Staatsbibliothek, Cgm 2093 Instruktion für die Münchner Sesselträger von 1688.
74 Zur Biografie des Pfortendolmetschers Alexandros Mavrokordatos siehe Richard F. Kreutel/Karl Teply, *Kara Mustafa vor Wien*, S. 57 ff.
75 Angaben des Dolmetschers zur Eroberung von Belgrad zitiert ausführlich Graf Topor Morawitzky, *Beiträge zur Geschichte der Türkenkriege 1683 bis 1688*, Band 2.
76 Der Matrikeleintrag zur Hochzeit des Lucas Michalowitz findet sich in ULF MM 33 Trauungen ULF 1687–1704 Folio 28 verso.
77 Die Taufe des ersten Sohnes Maximilian Emanuel am 20. Dezember

1690 ist festgehalten in Taufen MM 8 Taufen ULF 1684–1699.

78 Ebenda sind auch die Taufen der weiteren Söhne des Michaelowitz notiert. Joseph Emanuel Christian wurde am 16. Dezember 1692 getauft, Franz von Paula Anton Michaelowicz am 3. April 1694.

79 Die Bittbriefe des Dolmetschers werden von Graf Topor Morawitzky (Beiträge zur Geschichte der Türkenkriege 1683 bis 1688) ausführlich zitiert.

80 Alle wichtigen Angaben zu der Sänfte sind nachzulesen bei Rudolf Wackernagel, *Staats- und Galawagen der Wittelsbacher*.

81 Die Feierlichkeiten werden detailliert von Eberhard Straub beschrieben.

82 Zitiert bei Eberhard Straub, *Repraesentatio Majestatis*, S. 283.

83 Ludwig Hüttl, *Der blaue Kurfürst*, S. 132 ff.

84 Richard F. Kreutel/Otto Spies, *Der Gefangene der Giauren*, S. 109 f.

85 MM 8, ULF Taufen 1684–1699, S. 216.

86 Die beiden Landsitze sind im Übrigen von Michael Wening für seine *Historico-Topographia Descriptio* abgebildet worden (Band I, Rentamt München).

87 Zur Geschichte des Kommerzkollegiums siehe Theresia Münch, *Der Hofrat unter Kurfürst Max Emanuel von Bayern (1679 1726)*, S. 77 ff.; siehe auch die Arbeit von Georg Wünsche über die Hofkammer in den ersten Regierungsjahren Max Emanuels.

88 Ludwig Hüttl, *Der blaue Kurfürst*, S. 266.

89 Ebenda, S. 268.

90 Graf Topor Morawitzky zitiert in seinen *Beiträgen zur Geschichte der Türkenkriege 1683 bis 1688* ausführlich aus Dokumenten, die den Umzug des Dolmetschers nach Wien belegen.

91 Zum Wiederaufbau von St. Peter nach dem Weltkrieg siehe: Johannes Alex. Haidn (Hrsg.), *München – St. Peter: Stadt- und Kirchengeschichte(n) von den Anfängen bis in die Gegenwart*.

92 Ein unbekannter Künstler zeichnete die Grabplatten von St. Peter. Seine Bilder sind abgelegt im Archiv des Erzbistums München unter der Signatur PB 55a.

93 Ernest Geiß, *Geschichte der Stadtpfarrei St. Peter in München*, S. 121.

94 Die beiden Soldbücher liegen im Bayerischen Hauptstaatsarchiv unter den Faszikelnummern Kurbayern Hofzahlamt Nr. 744 und Nr. 745.

95 Kurbayern Hofzahlamt Nr. 755.

96 Der Name von Maria Juliana taucht nur einmal auf – im Soldbuch von 1727, in dem das Ableben Achmets vermerkt wird (Kurbayern Hofzahlamt Nr. 767).

97 Karl Teply, *Die Einführung des Kaffees in Wien*, schreibt auf S. 43, Michaelowitz sei im Jahre 1707 gestorben.

98 Zitiert bei Karl Spengler, *Münchner Historien und Histörchen*, S. 168 f.

99 Karl Teply, *Die Einführung des Kaffees in Wien*, S. 43.

100 Der Brief der Anna Michaelowitz liegt im Bayerischen Hauptstaatsarchiv, Hofzahlamtsregistratur, Faszikel 301, Nr. 205.

101 Die Matrikeleinträge zu Benno Alli sind aufgeführt in Anmerkung 34.

102 MM 102, Taufen St. Peter 1683–1689.

103 Willi Birkmaier, *Babtizatus est Turcus – Türkentaufen im Kloster Attel um 1700*.

104 MM 153, St. Peter 1721–1732, folio 131 r.

105 Kurbayern Hofzahlamt Nr. 767.

106 MM 156, Begräbnisse St. Peter 1748–1759, fol. 42 r.

107 MM 57 Sterbebuch ULF 1781–93 folio 85 verso.

Quellen- und Literaturverzeichnis

Quellen

Archiv Erzbistum München
Matrikelbuch der Universität Ingolstadt
Matrikelbuch des Wilhelmsgymnasiums, München
MM 8, Taufen ULF 1684 – 1699
MM 9, Taufen ULF 1699 – 1711
MM 33, Trauungen ULF 1687 – 1704
MM 34, Trauungen ULF 1704 – 1715
MM 39, Trauungen ULF 1742 – 1750
MM 55 Sterbefälle ULF 1687 – 1732
MM 57 Sterbefälle ULF 1781 – 1793
MM 102, Taufen St. Peter
1683 – 1689
MM 103, Taufen St. Peter
1690 – 1697
MM 131, Trauungen St. Peter
1670 – 1690
MM 153, Sterbefälle St. Peter
1721 – 1732
MM 156, Sterbefälle St. Peter
1748 – 1759
MM 160, Sterbefälle St. Peter
1786 – 1800
MM Anhang 4, Begräbnisse auf dem Salvator-Friedhof
GR.PR Geistliche Ratsprotokolle
1481 – 1772
PB 55a, Zeichnungen der Grabplatten von St. Peter

Bayerisches Hauptstaatsarchiv
Nachlass von Johann Paul Millauer
Briefwechsel zwischen Anna Michaelowitz und dem Bayerischen Hof, Hofzahlamtsregistratur, Faszikel 301, Nr. 205
Hofkammerregistratur (Sesselträger, Hoflakaien, Stallknechte)
Besoldungsbücher:

Kurbayern Hofzahlamt Nr. 722
(für 1684)
Kurbayern Hofzahlamt Nr. 723
(für 1685)
Kurbayern Hofzahlamt Nr. 724
(für 1686)
Kurbayern Hofzahlamt Nr. 725
(für 1687)
Kurbayern Hofzahlamt Nr. 726
(für 1688)
Kurbayern Hofzahlamt Nr. 727
(für 1689)
Kurbayern Hofzahlamt Nr. 728
(für 1690)
Kurbayern Hofzahlamt Nr. 729
(für 1691)
Kurbayern Hofzahlamt Nr. 730
(für 1692)
Kurbayern Hofzahlamt Nr. 731
(für 1693)
Kurbayern Hofzahlamt Nr. 732
(für 1694)
Kurbayern Hofzahlamt Nr. 733
(für 1695)
Kurbayern Hofzahlamt Nr. 734
(für 1696)
Kurbayern Hofzahlamt Nr. 735
(für 1697)
Kurbayern Hofzahlamt Nr. 736
(für 1698)
Kurbayern Hofzahlamt Nr. 737
(für 1699)
Kurbayern Hofzahlamt Nr. 738
(für 1700)
Kurbayern Hofzahlamt Nr. 739
(für 1700, Rohfassung)
Kurbayern Hofzahlamt Nr. 740
(für 1701)
Kurbayern Hofzahlamt Nr. 741
(für 1702)
Kurbayern Hofzahlamt Nr. 742
(für 1703)

Kurbayern Hofzahlamt Nr. 743
(für 1704)
Kurbayern Hofzahlamt Nr. 744
(für 1705)
Kurbayern Hofzahlamt Nr. 745
(für 1705, 3. und 4. Quartal)
Kurbayern Hofzahlamt Nr. 746
(für 1706)
Kurbayern Hofzahlamt Nr. 747
(für 1707)
Kurbayern Hofzahlamt Nr. 748
(für 1708)
Kurbayern Hofzahlamt Nr. 749
(für 1709)
Kurbayern Hofzahlamt Nr. 750
(für 1710)
Kurbayern Hofzahlamt Nr. 751
(für 1711)
Kurbayern Hofzahlamt Nr. 752
(für 1712)
Kurbayern Hofzahlamt Nr. 753
(für 1713)
Kurbayern Hofzahlamt Nr. 754
(für 1714)
Kurbayern Hofzahlamt Nr. 755
(für 1715)
Kurbayern Hofzahlamt Nr. 756
(für 1716)
Kurbayern Hofzahlamt Nr. 757
(für 1717)
Kurbayern Hofzahlamt Nr. 758
(für 1718)
Kurbayern Hofzahlamt Nr. 759
(für 1719)
Kurbayern Hofzahlamt Nr. 760
(für 1720)
Kurbayern Hofzahlamt Nr. 761
(für 1721)
Kurbayern Hofzahlamt Nr. 762
(für 1722)
Kurbayern Hofzahlamt Nr. 763
(für 1723)
Kurbayern Hofzahlamt Nr. 764
(für 1724)
Kurbayern Hofzahlamt Nr. 765
(für 1725)
Kurbayern Hofzahlamt Nr. 766
(für 1726)
Kurbayern Hofzahlamt Nr. 767
(für 1727)

Faszikel zum Münchner Zuchthaus
4 H 2424, Georg Wünsche, Die bayerische Hofkammer während der ersten Regierungsjahre Max Emanuels; München – Universität, Hausarbeit 1971 (Bestand der Amtsbibliothek des Bayerischen Hauptstaatsarchivs)

Bayerisches Kriegsarchiv
Alter Bestand B 8b, Nr. 44
Türkenkriege 8b, Nr. 45
Signatur 1404 (Der Bayern Antheil an den Türkenkriegen während der Regierung des Churfürsten Max Emanuel – nach bayerischen Originalquellen bearbeitet von dem k. b. Oberlieutenant Edmund Höfler)
Signatur 7843 (Die Feldzüge Max Emanuels in Ungarn gegen die Türken 1686 bis 1688/ gezeichnet von Hallart, gestochen von Michael Wening)
Akte Türkenkrieg B – 13 1686 I – 12

Archiv der Pfarrei St. Peter
Diverse Dokumente zu Taufen von Türken

Handschriftenabteilung der Bayerischen Staatsbibliothek
Cgm 2093 Instruktion für die Münchner Sesselträger von 1688
Rar. 2039(2 Der Neu-Eröffneten Ottomanischen Pforten Fortsetzung, Augsburg 1700 (Das Buch zeigt auf 761 einen Kupferstich, der die Taufe des osmanischen Heerführers Mehmed Colak Bey 1696 in Wien festhält)

Stadtarchiv Wasserburg am Inn
Bestand I, Kommunalarchiv, Kasten A Fach 9, Nr. 22 – Das Baubuch des Baustadelknechts Khornmesser in Wasserburg 1674–1686

Archiv in Schloss Nymphenburg
Inventar des Marstalls

Archiv der deutschen Provinz der Jesuiten, München
Nr. 5365, Signatur 41 – 6, München Collegium SJ, Annales Collegii Monacensis 1574-1708 (auf Seite 682 wird für 1684 die Taufe von drei Türken festgehalten, einer von diesen habe den Kurfürsten als Taufpaten; mit diesem Türken ist Anton Achmet gemeint)

Nr. 5366, Signatur 41 – 7, Historia Collegii Monacensis (1681–1773), residentiae Eberspergensis (1681–1772), Missionis Frisigensis (1681–1695) etc. Index, etiam necrologiorum. Fol. (auf Seite 24 wird für 1684 festgehalten, es seien drei Türken getauft worden)

Literatur

Thomas M. Barker, *Doppeladler und Halbmond – Entscheidungsjahr 1683*, Verlag Styria, Graz 1982

Reinhard Bauer/Ernst Piper, *Kleine Geschichte Münchens*, Deutscher Taschenbuch Verlag, München 2008

Richard Bauer, *Das alte München – Photographien 1855–1912*, gesammelt von Karl Valentin, Schirmer/Mosel Verlag, München 1982

Edgar Bierende, „Das höfische Glücksspiel im Spannungsfeld zwischen ‚arma' und ‚litterae' – Beobachtungen zu den Prunkspieltischen der Münchner Residenz", in: *Pracht und Zeremoniell – Die Möbel der Residenz München*, Ausstellungskatalog, Brigitte Langer (Hrsg.), Hirmer Verlag, München 2002, S. 106–117

Willi Birkmaier, „Babtizatus est Turcus – Türkentaufen im Kloster Attel um 1700", in: *Heimat am Inn 9 – Jahrbuch 1989*, S. 123-141, Heimatverein für Wasserburg am Inn und Umgebung (Hrsg.), Verlag Die Bücherstube, Wasserburg 1989

Karl Bosl, *Bayerische Geschichte*, Deutscher Taschenbuch Verlag, München 1980

Sabine Burbaum, *Barock*, Philipp Reclam jun., Stuttgart 2003

Andreas Burgmaier, *Häuserbuch der Stadt München*, Oldenbourg Verlag, München 1958

Giuseppe Cossuto, *Breve Storia dei Turchi di Dobrugia*, Edizione Isis, Istanbul 2001

Meister Johann Dietz, *Des Großen Kurfürsten Feldscher – Mein Lebenslauf*, Kösel Verlag, München 1966

Heinz W. L. Doering, *Das alte Münchner Zuchthaus*, Approbation vom 12. Oktober 1926

Dietrich Erben, *Die Kunst des Barock*, Verlag C. H. Beck, München 2008

Suraiya Faroqhi, „Als Kriegsgefangener bei den Osmanen. Militärlager und Haushalt des Großwesirs Kara Mustapha Pascha in einem Augenzeugenbericht", in: *Unfreie Arbeits- und Lebensverhältnisse von der Antike bis in die Gegenwart: eine Einführung*, Elisabeth Herrmann-Otto (Hrsg.), S. 206, Georg Olms Verlag, Hildesheim 2005

Suraiya Faroqhi, *Geschichte des Osmanischen Reiches*, Verlag C. H. Beck, München 2010

Fritz Fenzl, *Münchner Stadtgeschichten – Von den Ursprüngen bis heute*, Stiebner Verlag, München 2004

Egon Flaig, *Weltgeschichte der Sklaverei*, Verlag C. H. Beck, München 2009

Jürgen Wasim Frembgen (Hrsg.), *Die Aura des Alif – Schriftkunst im Islam*, Prestel Verlag, München 2010

Karl Gattinger, *Das alte München – Wandel als Konstante in der Münchner Altstadt*, Volk Verlag, München 2010

Ernest Geiß, *Geschichte der Stadtpfarrei*

St. Peter in München, Königlicher Central-Schulbücher-Verlag, München 1868

Hubert Glaser (Hrsg.), *Kurfürst Max Emanuel – Bayern und Europa um 1700* (2 Bände), Hirmer Verlag, München 1976

Godfrey Goodwin, *The Janissaries*, Saqi Books, London 1994

Roland Götz, *Münchner Kindl – Ungewöhnliche Lebensläufe aus dem alten München im Spiegel der Pfarrmatrikeln*, Archiv des Erzbistums München und Freising, München 2008

Hans Jacob Christoph von Grimmelshausen, *Der abenteuerliche Simplicissimus Teutsch*, Reclam Verlag, Stuttgart 2008

Johannes Alex. Haidn (Hrsg.), *München – St. Peter: Stadt- und Kirchengeschichte(n) von den Anfängen bis in die Gegenwart*, Stadtpfarramt St. Peter, München 2008

Johannes Hallinger, „‚Marstall und Mirabilien' – Königliche Münze: Das Dienstgebäude des Bayerischen Landesamts für Denkmalpflege", in: *100 Jahre Bayerisches Landesamt für Denkmalpflege* Band III, Egon Johannes Greipl (Hrsg.), S. 429–437, Verlag Friedrich Pustet, Regensburg 2008

Peter Claus Hartmann, *Münchens Weg in die Gegenwart*, Schnell & Steiner Verlag, Regensburg 2008

Manfred Peter Heimers, *Krieg, Hunger, Pest und Glaubenszwist – München im Dreißigjährigen Krieg*, Buchendorfer Verlag, München 1998

Hartmut Heller, „Um 1700: Seltsame Dorfgenossen aus der Türkei – Minderheitenbeobachtungen in Franken, Kurbayern und Schwaben", in: *Fremde auf dem Land*, Hermann Heidrich u. a. (Hrsg.), S. 13–44, Verlag Fränkisches Freilichtmuseum, Bad Windsheim 2000

Hartmut Heller, *Carl Osman und das Türkenmariandl*, Zeit 37/2003, S. 92

Sabine Heym, *Henrico Zuccalli – Der kurbayerische Hofbaumeister*, Verlag Schnell & Steiner, München 1984

Wolfgang von Hippel, *Armut, Unterschichten, Randgruppen in der frühen Neuzeit*, Oldenbourg Verlag, München 2013

Anton Hoffmann, *Erlebnisse eines kurbayerischen Musketiers im Türkenfeldzug 1688*, Diessen 1924

Max Joseph Hufnagel, *Berühmte Tote im Südlichen Friedhof zu München*, Manz Verlag, München 1969

Ludwig Hüttl, *Max Emanuel – der blaue Kurfürst*, Süddeutscher Verlag, München 1976

Marcus Junkelmann, *Kurfürst Max Emanuel von Bayern als Feldherr*, Herbert Utz Verlag, München 2000

Machiel Kiel, *Studies on the Ottoman Architecture of the Balkans*, Variorum, Hampshire 1990

Machiel Kiel, *Ottoman urban development and the cult of a heterodox sufi saint*, Collection Turcica Vol. IX, Peeters, Paris 2005

Helmuth Kiesel (Hrsg.), *Die Briefe der Liselotte von der Pfalz*, Insel Verlag, Frankfurt am Main 1981

Robert Kindelbacher, *St. Peter – Geschichte-Tradition-Zeitgeist*, Stadtpfarramt St. Peter in München 2000

Khalid Koser, *Internationale Migration*, Philipp Reclam jun., Stuttgart 2011

Ekkehard Kraft, *Christhold und Leberecht – Einwanderer des Barockzeitalters: die „getauften Türken"*, Neue Zürcher Zeitung 29. März 2001, S. 65

Klaus Kreiser/Christoph K. Neumann, *Kleine Geschichte der Türkei*, Verlag Philipp Reclam jun., Stuttgart 2009

Richard F. Kreutel/Otto Spies, *Der*

Gefangene der Giauren – Die abenteuerliche Geschichte des Dolmetschers Osman Aga aus Temeschwar – von ihm selbst erzählt, Verlag Styria, Graz 1962

Richard F. Kreutel, *Der Löwe von Temeschwar*, Verlag Styria, Graz 1981

Richard F. Kreutel/Karl Teply, *Kara Mustapha vor Wien – 1683 aus der Sicht türkischer Quellen*, Verlag Styria, Graz 1982

Richard F. Kreutel, *Kara Mustapha vor Wien – Das türkische Tagebuch der Belagerung Wiens 1683 (verfasst vom Zeremonienmeister der Hohen Pforte)*, Deutscher Taschenbuch Verlag, München 1967

Peter Lahnstein, *Das Leben im Barock – Zeugnisse und Berichte 1640 bis 1740*, Verlag W. Kohlhammer, Stuttgart 1974

Ulrich Maché/Volker Meid, *Gedichte des Barock*, Philipp Reclam jun., Stuttgart 1980

Hans Georg Majer, „Ein Brief des Serdar Yegen Pascha an den Kurfürsten Max Emanuel von Bayern vom Jahre 1688 und seine Übersetzungen", in: *Islamkundliche Abhandlungen aus dem Institut für Geschichte und Kultur des Nahen Ostens an der Universität München*, Hans Joachim Kißling zum 60. Geburtstag gewidmet von seinen Schülern, München 1974, S. 130–145

Aloys Mitterwieser, „Türkentaufen in Bayern", in: *Archiv für Sippenforschung und alle verwandten Gebiete*, 16. Jahrgang, Heft 6, 1939

Graf Max Topor Morawitzky, *Beiträge zur Geschichte der Türkenkriege 1683 bis 1688*, 2 Bände, 1857

Herta Müller, *Atemschaukel*, Carl Hanser Verlag, München 2009

Theresia Münch, *Der Hofrat unter Kurfürst Max Emanuel von Bayern (1679–1726)*, Kommissionsbuchhandlung R. Wölfle, München 1978

München in alten Grafiken, Verlag J. P. Bachem, Köln 1972

Rhoads Murphey, *Ottoman Warfare: 1500–1700*, Rutgers University Press, New Brunswick 1999

Bernd Noack, *Karl Friedrich aus dem Morgenland – Die Beutetürken im 17. Jahrhundert: Exotische Mitbringsel oder frühe Gastarbeiter*, Hörfunkbeitrag, gesendet am 21. Oktober 2004 im Bayerischen Rundfunk, Manuskript in der Universitätsbibliothek Würzburg, Signatur 49 Rp 4, 988

Hans F. Nöhbauer, *München – Eine Geschichte der Stadt und ihrer Bürger 1158 bis 1854*, Süddeutscher Verlag, München 1989

Hans Obermayr/Emmy Heder, *Sankt Georg in Pöring – Darstellung und Geschichte der Kirche – Festschrift zur 300-Jahr-Feier der Kirchweihe*, Nußrainer, Isen 2007

Ernst Pertrasch u. a. (Hrsg.), *Die Karlsruher Türkenbeute*, Hirmer Verlag, München 1991

Friedrich Prinz, *Die Geschichte Bayerns*, Piper Verlag, München 2001

Manja Quakatz, *Osmanische Konvertiten und Zwangsgetaufte – Religiöse und kulturelle Grenzgänger im Alten Reich um 1700*, Magisterarbeit am Institut für Geschichte der Martin-Luther-Universität Halle-Wittenberg, unveröffentlicht, 2008

Adrian Radulescu, *A concise history of dobruja*, Bukarest 1984

P. E. Rattelmüller, *Pompe Funèbre im alten Bayern und seiner Landeshauptstadt München*, Verlag Heinrich Hugendubel, München 1974

Ernst Rebel, *Druckgrafik – Geschichte und Fachbegriffe*, Philipp Reclam jun., Stuttgart 2003

Ernst Rebel, *Meisterwerke der Druckgrafik*, Philipp Reclam jun., Stuttgart 2010

Carl Albert Regnet, *München in guter alter Zeit – nach authentischen Quellen culturgeschichtlich geschildert*, München 1879
Rituale Frisingense ex norma et ritu romano sumptum, Regensburg 1673
Michael Schattenhofer, *Von Kirchen, Kurfürsten & Kaffeesiedern etcetera*, Süddeutscher Verlag, München 1974
Aldemar Schiffkorn, „Herman von Schmid. Ein bayerischer Volksschriftsteller aus Waizenkirchen (1815–1880)", in: *Oberösterreichische Heimatblätter*, 41. Jahrgang Heft 3, S.175
Hans Schiltberger, *Als Sklave im Osmanischen Reich und bei den Tartaren: 1397–1427*, K. Thienemanns Verlag, Stuttgart 1983
Hella Schlumberger, *Türkenstraße – Vorstadt und Hinterhof*, Buchendorfer Verlag, München 1998
Herman von Schmid, *Das himmelblaue Donnerwetter*, Verlag Josef Berg, München 1955 (Titel der Originalausgabe von 1872: *Die Türken in München*)
Holger Schuckelt, *Die Türkische Cammer – Sammlung Orientalischer Kunst in der kurfürstlich-sächsischen Rüstkammer Dresden*, Sandstein Verlag, Dresden 2010
Rainer Schuster, *Michael Wening und seine „Historico-Topographica Descriptio" Ober- und Niederbayerns – Voraussetzungen und Entstehungsgeschichte*, Kommissionsverlag UNI-Druck, München 1999
Gerhard Slawinger, *Die Manufaktur in Kurbayern*, Gustav Fischer Verlag, Stuttgart 1966
Karl Spengler, *Es geschah in München*, Verlag F. Bruckmann, München 1971
Karl Spengler, *Hinter Münchner Haustüren*, Verlag F. Bruckmann, München 1964

Karl Spengler, *Münchner Historien und Histörchen*, Verlag F. Bruckmann, München 1967
Karl Spengler, *Münchner Straßenbummel*, Verlag F. Bruckmann, München 1960
Karl Spengler, *Unterm Münchner Himmel*, Verlag F. Bruckmann, München 1971
Max Spindler, *Handbuch der Bayerischen Geschichte* (in 2 Bänden), Verlag C. H. Beck, München 1981
Stadt Bau Plan – 850 Jahre Stadtentwicklung München (DVD), Franz Schiermeier Verlag, München 2008
Helmuth Stahleder, *Chronik der Stadt München*, 3 Bände, Dölling und Galitz Verlag, Ebenhausen 2005
Helmuth Stahleder, *Haus- und Straßennamen der Münchner Altstadt*, Hugendubel Verlag, München 1992
Andrzej Stasiuk, *Unterwegs nach Babadag*, Suhrkamp Verlag, Frankfurt am Main 2005
Karl Staudinger, *Geschichte des kurbayerischen Heeres unter Kurfürst Max II. Emanuel 1680–1726*, München 1904
Gertrud Stetter, *Altbayerisches Leben auf Wening-Stichen*, Rosenheimer Verlagshaus, Rosenheim 1977
Gertrud Stetter, *Michael Wening – Der Kupferstecher der Max Emanuel-Zeit*, Verlag Karl M. Lipp, München 1977
Eberhard Straub, *Repraesentatio Maiestatis oder churbaierische Freudenfeste – Die höfischen Feste in der Münchner Residenz vom 16. bis zum Ende des 18. Jahrhunderts*, R. Wölfle, München 1969
Johann Stridbeck der Jüngere, *Theatrum Der Vornehmsten Kirchen, Clöster, Palaest und Gebeude in Churfürstlicher Residenz Stadt München* (Faksimile-Nachdruck), Bruckmann Verlag, München 1966

Walter Sturminger (Hrsg.), *Die Türken vor Wien in Augenzeugenberichten*, Deutscher Taschenbuch Verlag, München 1983

Karl Süßheim, „Die Beziehungen zwischen Bayern und der Türkei im Wandel der Jahrhunderte", in: *Das Bayerland*, September 1919, Nr. 25

Karl Teply, *Die Einführung des Kaffees in Wien*, Verein für Geschichte der Stadt Wien, Wien 1980

Franz Trautmann, *Heitere Münchener Stadtgeschichten*, München 1881

János J. Varga, „Ransoming ottoman slaves from Munich (1688)", in: *Ransom Slavery along the ottoman borders*, Géza Dávid/Pál Fodor, Brill, Leiden 2007, S.169 ff.

Rudolf Wackernagel, *Staats- und Galawagen der Wittelsbacher*, Arnoldsche Verlagsanstalt, Stuttgart 2002

Robert Waissenberger (Hrsg.), *Die Türken vor Wien – Europa und die Entscheidung an der Donau 1683*, Eigenverlag der Museen der Stadt Wien, Wien 1983

Wilhelm Warning, *Die Bayern aus dem Morgenland – Von den Türken zur Zeit der Wittelsbacher*, Manuskript eines Hörfunkbeitrags, Bayerischer Rundfunk, gesendet auf Bayern2Radio am 3. Juni 1999

Michael Wening, *Historico-Topographica Descriptio. Das ist: Beschreibung deß Churfürsten- und Herzogthumbs Ober- und NidernBayrn. Erster Thail. Das Rentamt München*, Süddeutscher Verlag, München 1974 (Reprint der Originalausgabe von 1701)

Lorenz Westenrieder, *Beschreibung der Haupt- und Residenzstadt München*, Carl Gerber Verlag, München 1984 (Reprint der Originalausgabe von 1782)

Maria Theodolinde Winkler, *Maria Ward und das Institut der Englischen Fräulein in Bayern*, Verlag Carl Aug. Seyfried, München 1926

Otto Zierer, *Die Abenteuer der vielgeliebten Stadt München*, Süddeutscher Verlag, München 1958

Bildnachweis

Karte auf dem Vorsatz: Joachim Schreiber, Bickenbach
Karte auf dem Nachsatz: Joachim Schreiber, Bickenbach unter Verwendung einer Vorlage nach: Johann Stridbeck der Jüngere, Theatrum Der Vornehmsten Kirchen, Clöster, Palaest und Gebeude in Churfürstlicher Residentz Stadt München (Faksimile-Nachdruck München 1966)
S. 13: akg-images; S. 16/17: akg-images/De Agostini Picture Lib. / G. Dagli Orti; S. 30/31: nach: Michael Wening, Historico-Topographica Descriptio ..., Repr. der Ausg. München 1701-1726, München 19741977; S. 44: bpk | The Trustees of the British Museum; S. 52/53: akg-images; S. 74: Bayerisches Kriegsarchiv; S. 84: nach: Der Neu-eröffneten Ottomannischen Pforten Fortsetzung: Oder continuierter historischer Bericht, betreffend der Türckischen Monarchie Staats-Maximen, Kriege, feindliche Einfälle, Eroberungen, Niederlagen, Aufruhren, Waffenstillständen ..., Augsburg 1701; S. 92/93: BHÖ/Foto: G. R.Wett; S. 102/103: Stadtarchiv Wasserburg; S. 116/117: Markus Krischer; S. 145: Blauel/Gnamm - ARTOTHEK (Bayerische Staatsgemäldesammlungen); S. 154: Bayerische Schlösserverwaltung; S. 169: Markus Krischer; S. 181: nach: Johann Stridbeck der Jüngere, Theatrum Der Vornehmsten Kirchen, Clöster, Palaest und Gebeude in Churfürstlicher Residentz Stadt München (Faksimile-Nachdruck München 1966); S. 187: Blauel/Gnamm - ARTOTHEK (Bayerische Staatsgemäldesammlungen); S. 200: Bayerisches Hauptstaatsarchiv; S. 203: nach: Johann Stridbeck der Jüngere, Theatrum Der Vornehmsten Kirchen, Clöster, Palaest und Gebeude in Churfürstlicher Residentz Stadt München (Faksimile-Nachdruck München 1966)

Die Deutsche Nationalbibliothek verzeichnet diese Publikation
in der Deutschen Nationalbibliografie; detaillierte bibliografische
Daten sind im Internet über http://dnb.dnb.de abrufbar.
Das Werk ist in allen seinen Teilen urheberrechtlich geschützt.
Jede Verwertung ist ohne Zustimmung des Verlags unzulässig.
Das gilt insbesondere für Vervielfältigungen, Übersetzungen,
Mikroverfilmungen und die Einspeicherung in und Verarbeitung
durch elektronische Systeme.

Der Konrad Theiss Verlag ist ein Imprint der WBG.

© 2014 by WBG (Wissenschaftliche Buchgesellschaft), Darmstadt
Die Herausgabe des Werkes wurde durch die Vereinsmitglieder
der WBG ermöglicht.
Gestaltung & Satz: Anja Harms, Oberursel
Einbandgestaltung: Peter Lohse, Heppenheim
Gedruckt auf säurefreiem und alterungsbeständigem Papier
Printed in Germany
Besuchen Sie uns im Internet: www.wbg-wissenverbindet.de

ISBN 978-3-8062-2946-2

Elektronisch sind folgende Ausgaben erhältlich:
eBook (PDF): ISBN 978-3-8062-3012-3
eBook (epub): ISBN 978-3-8062-3013-0

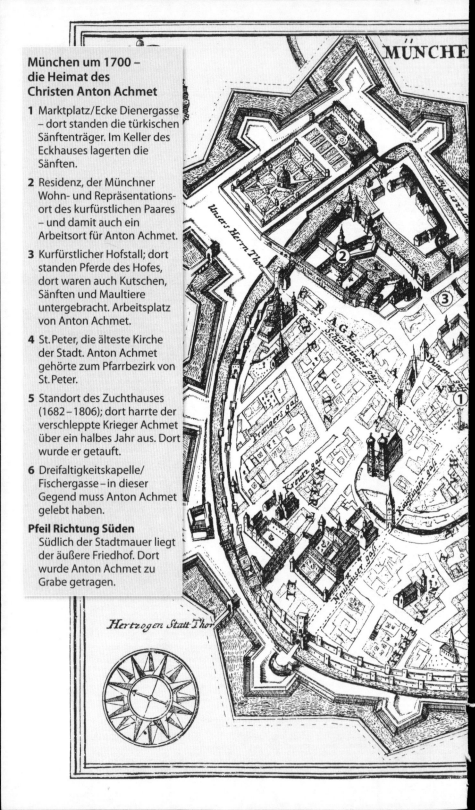

München um 1700 – die Heimat des Christen Anton Achmet

1 Marktplatz/Ecke Dienergasse – dort standen die türkischen Sänftenträger. Im Keller des Eckhauses lagerten die Sänften.

2 Residenz, der Münchner Wohn- und Repräsentationsort des kurfürstlichen Paares – und damit auch ein Arbeitsort für Anton Achmet.

3 Kurfürstlicher Hofstall; dort standen Pferde des Hofes, dort waren auch Kutschen, Sänften und Maultiere untergebracht. Arbeitsplatz von Anton Achmet.

4 St. Peter, die älteste Kirche der Stadt. Anton Achmet gehörte zum Pfarrbezirk von St. Peter.

5 Standort des Zuchthauses (1682–1806); dort harrte der verschleppte Krieger Achmet über ein halbes Jahr aus. Dort wurde er getauft.

6 Dreifaltigkeitskapelle/ Fischergasse – in dieser Gegend muss Anton Achmet gelebt haben.

Pfeil Richtung Süden
Südlich der Stadtmauer liegt der äußere Friedhof. Dort wurde Anton Achmet zu Grabe getragen.